# Gutes tun

Lehren der Zen-Meister

Baotang Wuzhu
Nanyang Huizhong
Guifeng Zongmi
Yongming Yanshou

Angkor Verlag

*Bibliografische Information der Deutschen Bibliothek:* Die Deutsche Bibliothek verzeichnet diese Publikation in der Deutschen Nationalbibliografie; detaillierte bibliografische Daten sind im Internet über http://dnb.ddb.de abrufbar.

Gutes tun. Lehren der Zen-Meister Baotang Wuzhu, Nanyang Huizhong, Guifeng Zongmi, Yongming Yanshou./Yamada, Taro (Hg.). Deutsch von Guido Keller, Taro Yamada und Julian Braun. – Frankfurt: Angkor Verlag 2017.

Lektorat: Susanne König
Website: www.angkor-verlag.de
Herstellung: Books on Demand GmbH, Norderstedt

ISBN: 978-3-943839-50-0

Inhalt

*5* **Baotang Wuzhu** (714-774)

„Aufzeichnung des Dharma-Juwels im Wandel der Zeiten"
(*Lidai fabao ji*)

*47* **Nanyang Huizhong** (?-775)

„25 Fragen und Antworten"
+ Auszüge aus Yongming Yanshous *Zongjing Lu*

*75* **Guifeng Zongmi** (780-841)

„Der Ursprung des Menschseins"
(*Yuan-ren-lun*, jap. *Genninron*)
Übersetzt von Julian Braun

*119* **Yongming Yanshou** (909-975)

„Eine Vielzahl guter Taten"
(*Wanshan tonggui ji*)

*„Wasser ist nicht von Wellen getrennt,
und Wellen sind nicht von Wasser getrennt.
Die Wellen stehen fürs verblendete Denken,
das Wasser für die Buddha-Natur."*

(Wuxiang)

**Baotang Wuzhu**

Aufzeichnung des Dharma-Juwels im Wandel der Zeiten

*„Dass es keinen Dharma gibt, der erläutert werden kann, wird das Erläutern des Dharma genannt."*

Das *Lidai fabao ji* („Aufzeichnung vom Dharma-Juwel über die Generationen hinweg"), das 1900 in den Höhlen bei Dunhuang entdeckt wurde, war schon kurz nach seinem Erscheinen im späten achten Jahrhundert als gefälscht und voller Erfindungen kritisiert worden. Zum Beispiel soll demnach Wuzhu (714-774), der Begründer der Bao-Tang-Schule in Jinnan (Sichuan), die Robe Bodhidharmas besessen haben. Damit spiegelt das Werk nicht nur doktrinäre Auseinandersetzungen innerhalb seines eigenen Chan-Zweiges wider, sondern den beginnenden Diskurs um authentische Übertragungslinien.

Wuzhu wurde in seinem Zweig als der einzig legitime Erbe der Lehre vom Nicht-Denken (aus der Südschule) angesehen und verkündete eine formlose, nicht-konzeptionelle Übung, die jedoch auch Merkmale der Nordschule wie vor allem der *Niutou*(„Ochsenkopf")-Linie des Chan aufwies, die auf den vierten Patriarchen Daoxin (580-651?) zurückgeführt wird und auf dem Madhyamaka, der von Nâgârjuna begründeten Schule des Mittleren Weges, fußt. Wuzhu dekonstruierte überkommene Vorstellungen von Praxis und Moral und bevorzugte dabei Dialoge über das Unsagbare und Elemente des Paradoxen und der daoistischen Mystik. Das wesentliche Merkmal von Wuzhus Lehre, sein Antinomianismus – sein Insistieren auf der Nutzlosigkeit moralischer Regeln –, drückte sich in Wendungen aus wie „Nicht-Rückbesinnen bedeutet Gebote (Praxis)" *(wuyi shi jie)*, „Nehmt Nicht-Denken als Regeln" *(yi wunian wei jie)* oder „Die Natur der Gebote ist wie Leere" *(jiexing ru xukong)*.

Das *Lidai fabao ji* entstand wohl zwischen 774 und 780 im Bao Tang-Kloster in Yizhou und wurde von Schülern Wuzhus verfasst, der das Dharma-Erbe von Wuxiang (Musang, 680/684-756/762) beanspruchte, einem Meister aus Korea, der seinerseits den Jingzhong-Zweig in Chengdu begründet hatte. Wuzhus Sekte starb offenbar schnell aus, auch wenn seine Lehren häufig von anderen zitiert wurden.

Im ersten Teil des Werks finden wir Biografien von Chan-Meistern in chronologischer Form, wie sie später im Genre der *chuandeng lu* bekannt wurden. Der zweite Teil enthält Dialoge von Wuzhu und eine Grabrede *(zhenzan)* auf den Meister. Wir haben hier die Kapitel über weithin bekannte Patriarchen (wie Bodhidharma, der bei ihm zu Bodhidharmatrâta wird, Huineng u. a.) mit ihren üblichen Versatzstücken weggelassen und uns auf diejenigen beschränkt, die für Wuzhus Linie von Bedeutung sind, sowie auf die Teile seiner Reden, die ihn als originellen Reformer zeigen, der sich nichtsdestotrotz mit zahlreichen Zitaten auf überlieferte Schriften stützen kann. In den Schilderungen der ersten Patriarchen finden wir bereits Ansätze zur Kritik an den Lehrern des Vinaya, also des Regelkodexes für Mönche und Nonnen – es werden ihnen z. B. Giftattentate auf Bodhidharma nachgesagt. Außerdem zeichnen sich die Chan-Meister durch verblüffende Handlungen aus: Der zweite chinesische Patriarch Huike bezeichnet sich wiederholt selbst als „unheimlich", auch als ihm dafür die Exekution droht; der dritte Patriarch Sengcan, trotz Lähmungen Huikes Schüler, gibt in der Öffentlichkeit den Verrückten, um nicht als Erwachter entlarvt zu werden, und stirbt am Ende willentlich – einen Ast ergreifend – im Stehen; die Tür zur Grabstätte des vierten Patriarchen Daoxin öffnet sich ein Jahr nach seinem Tod von selbst.

Eine besondere Rolle bei der Übertragung der Robe kommt der Kaiserin Wu Zetian (624-705) zu. Sie befragt eine Gruppe Schüler des fünften Patriarchen Hongren, nämlich Shenxiu, Xuanye, Laoan und Yuanze, ob sie Begierden hätten, und alle verneinen dies. Als sie sich an Shenhui wendet, gibt dieser beunruhigt zu: „Ja, ich habe Begierden." Und als die Kaiserin ihn fragt, wie das sein könne, erwidert er: „Was geboren ist, hat

Begierde; was ungeboren ist, hat keine Begierde." Daraufhin erlebt die Kaiserin ihr Erwachen.

*"Wenn einer keine Unterscheidungen entstehen lässt,
sieht er seinen eigenen Geist.
Ohne* xinyi *(Bewusstsein und Unterscheidung) und
ohne* shouxing *(Wahrnehmung und Wille)
bringt er alle Irrlehren zu Fall."*

*Quellen:*

*Lidai fabao ji* 歷代法寶記 (T. 2075)

Wendy L. Adamek: *The Mystique of Transmission: on an early Chan history and its contexts.* (New York 2007)

Lewis R. Lancaster, Whalen Lai (ed.): *Early Chan in China and Tibet* (Berkeley 1983), darin: "The Li-Tai Fa-Pao Chi and the Ch'an Doctrine of Sudden Awakening" von Yanagida Seizan (tr. by Charles Bielefeldt)

*Dharma-Meister Daoan und Zitate aus den Schriften*

Die buddhistische Lehre war in den dreihundert Jahren nach ihrer Ankunft im Osten noch nicht vereinheitlicht worden. Zur Zeit von Herrscher Shi Le von den Jin befand sich Fotudengs Schüler, Dharma-Meister Daoan, in Xiangyang. Fujian von den Qin hörte in der Ferne von Daoans Ruhm und schickte Gefolgsleute los, um Xiangjang anzugreifen und Dharma-Meister Daoan gefangen zu nehmen. Der Herrscher der Qin verehrte ihn und suchte ihn oft auf, und auch die Söhne des Adels von Chang'an gingen alle zu ihm und rezitierten ihre Verse. Der Spruch: „Wenn Schüler sich nicht auf Dharma-Meister Daoan stützen, werden sie keinen Sinn in Schwierigkeiten finden", verweist hierauf. Daoan besaß weltliche Weisheit und Beredsamkeit. Später begründete er eine Methode für Diskurse, schuf Regeln für Mönche und Nonnen und einige Statuten bezüglich des Buddha-Dharmas. Die Regeln fürs Empfangen der Gebote teilte er in drei Kategorien ein: die erste betraf das Umkreisen mit Weihrauch und das Bestimmen des Sitzes, die zweite die regelmäßigen sechs Perioden der Verehrung Buddhas und Zufluchtnahme *(vandana)*, die dritte das monatliche Bekennen von Verfehlungen *(uposatha)*. Formelles Benehmen, Gebete und Hymnen, wie sie in Zeremonien benutzt werden, gehen auf Daoan zurück.

Das *Lankâ-Sutra* besagt: „Wenn es zu etwas völlig Getrenntem wird, ist alles völlig verwirrt. Wenn du erkennst, dass es nur aus deinem eigenen Geist stammt, dann gibt es keinen Disput *(avivâda)*."

Weiter heißt es dort: „Wenn du dich an minderen Dharma hängst, dann entsteht minderwertiger Dharma. Hängst du dich an die Phänomene, wird der Dharma zerstört."

Weiter heißt es dort: „Wenn du Worten folgst und Bedeutungen ergreifst, dann baust du auf *dharma* [Phänomene] auf, und aufgrund dieser Konstruktion wirst du nach dem Tod in die Hölle fahren."

Weiter heißt es dort: „Das Selbst in Lehren zu suchen, ist Fantasie und falsche Sicht. Wenn du dich vom wahren Prinzip der heiligen Lehren trennst, werden die Täuschungen, die du tilgen willst, im Gegenteil anwachsen; solch verrücktes andersgläubiges Gerede sollte von Weisen nicht erwogen werden."

Im *Vajracchedikâ-Sutra* heißt es: „Alle Merkmale zu überwinden, wird die Buddhas genannt."

Weiter heißt es dort: „Wer ‚Ich' in Formen und Tönen sieht, nimmt einen falschen Weg und wird den Tathâgata nicht sehen können."

Im *Visheshacintibrahma-pariprcchâ-Sutra* heißt es: „Visheshacintibrahma fragte den Buddha: ‚Wie folgen die Mönche Buddhas Lehren und Worten?' Der Buddha erwiderte: ‚Wessen Geist unbewegt bleibt, ob er gepriesen oder getadelt wird, der folgt Buddhas Lehren; ebenso, wer sich nicht auf Texte, Schriftzeichen und Worte stützt.' Visheshacintibrahma fragte weiter: ‚Wie sollten die Mönche Gaben annehmen?' Der Buddha erwiderte: ‚Im Dharma gibt es nichts, was genommen wird.' Visheshacintibrahma fragte weiter: ‚Wie verwendet man diese Gaben?' Der Buddha antwortete: ‚Ohne in weltliche *dharma* verstrickt zu sein.' Visheshacintibrahma fragte weiter: ‚Wer vergilt Buddhas Freundlichkeit?' Der Buddha antwortete: „Derjenige, der gemäß dem Dharma praktiziert.""

Die verschiedenen *dhyâna*[Meditation]- und *samâdhi*[Versenkung]-Tore des Hînayâna gehören nicht zu den Grundsätzen der Schule des Patriarchen-Meisters Bodhidharma; Beispiele hierfür sind: die Kontemplation weißer Knochen *(vidagdhakasamjnâ)*; das Zählen der Atemzüge; die neun Visualisierungen [des Zerfalls einer Leiche]; die fünf Unterbrechungen des Geistes; die Kontemplation von Sonne, Mond, Turm und See und der Buddhas.

So heißt es im *Chan miyao jing* („Schrift über die geheimen essentiellen Methoden des *dhyāna*"): „Wenn einer Fieber bekommt, visualisiert er Kälte; wem kalt ist, der visualisiert Hitze; wer Gedanken fleischlicher Begierde hegt, stellt sich giftige Schlangen vor und kontempliert Unreinheit; wer die Schlemmerei schätzt, sinnt über Maden nach; wer aufwändige Kleidung mag, stellt sich seinen Körper von heißem Eisen umhüllt vor."
Es gibt noch viele andere *samādhi*-Kontemplationen.

Im *Chanmen jing* heißt es: „Wenn man inmitten der Besinnlichkeit von Sitzmeditation ein Abbild von Buddhas Form mit den zweiunddreißig Merkmalen erkennt, das mit bunter Strahlkraft in die Lüfte aufsteigt und nach Belieben Wandlungen manifestiert, dann entspringt dies dem eigenen sich überstürzenden Geist, der im Netz eines Dämonen gefangen ist. Im leeren Nirwana erkennt man, dass solche Dinge leere Täuschungen sind."

Im *Lankā-Sutra* heißt es: „Diese vielfältigen Merkmale lassen einen zu heterodoxen Ansichten kommen."

Im *Dhammapada* steht: „Wenn jemand die unterschiedlichen *samādhi* studiert, dann handelt es sich um Aktivität und nicht um die Übung der Sitzmeditation. Wenn der Geist dem Fluss des Bereichs der Sinnesobjekte folgt, wie könnte man dies Konzentration nennen?"

Im *Vajrasamādhi-Sutra* heißt es: „Der Buddha sagte [zum Bodhisattva Xinwang]: ‚Ich trete nicht in *samādhi* ein und verweile nicht in Sitzmeditation. Nicht-Geburt und Nicht-Übung, weder Aktivität noch Meditation – dies ist ungeborene Meditation.'"

Im *Visheshacintibrahma-paripṛcchā-Sutra* heißt es: „Unabhängig vom Bereich des Begehrens *(kāma-dhātu)* und weder im Reich von Form *(rūpa-dhātu)* noch Nicht-Form *(ārūpa-dhātu)* verweilend – wenn jemand so *samādhi* praktiziert, ist dies die universelle Übung der Bodhisattvas."

Im *Vimalakîrtinirdesha-Sutra* steht, dass Vimalakîrti den Shâriputra für sein stilles Sitzen *(nishadya)* im Wald tadelte, und Subhûti und Mahâkâshyapa für ihren fehlenden Gleichmut.

Im *Strîvivarta-vyâkarana-Sutra* heißt es: „Die Unbefleckte Strahlende Frau wies Indra zurecht: ‚Du bist einer der Hörer *(shrâvaka)*, fürchtest Geburt und Tod und labst dich am Nirwana.'"

Das *Vinayavinishcaya-Upâlipariprcchâ-Sutra* besagt: „Die Bodhisattvas halten die allumfassenden Gebote, die ihnen gegeben wurden, während die Hörer *(shrâvaka)* jedes konventionelle Gebot und jede Regel, die den Dharma schützt, befolgen."

Im *Bhaishajyaguruvaidûryapragharâja-Sutra* heißt es: „Der Buddha rügte Ânanda: ‚Ihr *shrâvaka* seid wie blind und taub, da ihr nicht die unübertroffene Wahrheit der Leere erkennt.'"

Das *Shûrangama-Sutra* besagt: „Der Tathâgata tadelte die *shrâvaka* dafür, nur ein bisschen erhalten, dies aber für völlig ausreichend erachtet zu haben."

Im *Buddhapitakaduhshîlanirgraha-Sutra* heißt es: „Der Buddha sagte: ‚Shâriputra, während der Tathâgata noch am Leben ist, sind die Drei Juwelen von einem Geschmack; doch sobald ich ins Verlöschen eingegangen bin, wird er in fünf Teile zerfallen. Shâriputra, noch verbergen sich die Dämonen und helfen Devadatta dabei, mich, den Dharma und die Sangha zu vernichten. Da die große Allwissenheit des Tathâgata noch in der Welt weilt, sind die verruchten Dämonen zwar nicht in der Lage, große Übel zu vollbringen. In kommenden Zeitaltern werden sie sich jedoch wandeln und die Form von Asketen *(shramana)* annehmen, in die Sangha eintreten, zahlreiche Häresien lehren und viele Wesen dazu veranlassen, heterodoxen Ansichten und dem falschen Dharma anzuhaften. Diese schlechten Menschen, die von den Dämonen in die Irre geführt wurden, werden dann ihren eigenen Ansichten anhängen und denken, dass sie im Recht sind und andere Unrecht haben. Shâriputra, der Tathâgata sieht solche Bemühungen, den Dharma in der Welt zu zerstören, voraus, er lehrt darum diese tiefgründige Schrift, die vollständig durchtrennen wird, woran Dämonen hängen.'

‚Ânanda, nimm das Beispiel eines üblen Diebes, der es nicht wagt, sein Gesicht den Beamten des Königs zu zeigen. Obwohl er andere bestiehlt, nennt er sich selbst nicht Dieb. So ist es auch mit den Mönchen, die Gebote brechen und einen falschen Askten-Dharma formulieren, sich selbst jedoch nicht eingestehen: ‚Ich bin ein schlechter Mensch', und noch weniger anderen gegenüber zugeben, dass sie Sünder sind. Ânanda, der Wert dieser Schrift liegt darin, dass Gebote übertretende Mönche, sobald sie von ihr hören, von selbst beschämt werden, und Gebote einhaltende Mönche sich bestätigt finden.'"

Das *Shûrangama-Sutra* besagt: „Dann trat der Tathâgata vor, wandte sich an die Versammlung und Ânanda und sagte: ‚All ihr noch nicht vollendeten Arhats *(shaiksha)*, ihr für euch selbst Erwachten *(pratyekabuddha)* und Hörer *(shrâvaka)*, heute müsst ihr eure Einstellung ändern und gen *mahâbodhi* eilen, dem höchsten unerklärlichen Erwachen. Ich habe bereits den Dharma wahrer Praxis erläutert, doch ihr übt noch immer, als hättet ihr nicht zugehört, *shamatha* und *vipashyanâ*. Wenn die subtilen Auswirkungen von Dämonen und ihren Reichen vor euch auftauchen, werdet ihr sie nicht erkennen können. Den Geist zu reinigen ist nicht der Punkt, ihr verfallt dabei nur falschen Ansichten. Manchmal sind es die versteckten Dämonen eurer eigenen *skandha*, manchmal werdet ihr von Mâra umgedreht, dann wieder haften sich Geister und Gespenster an euch, und manchmal begegnet ihr bösen Dämonen der Wildnis. Weil euer Geist nicht klar ist, haltet ihr diese Diebe für eure eigenen Kinder. Wenn ihr in eure Mitte zurückkehrt und ein bisschen was erhaltet, dies aber als ausreichend anseht, dann seid ihr wie ein unverständiger Mönch im vierten *dhyâna (assutavâ bhikkhu)*, der in seiner Verwirrung behauptet, Arhatschaft *(arhatva)* erlangt zu haben. Ist sein himmlischer Lohn jedoch erschöpft, erscheinen die Zeichen des Verfalls vor ihm, und weil er die Heiligen gelästert hat, wird er in die *Avîci*-Hölle fallen und die Wiedergeburt auf ihn warten.'"

Darum übertrug Shâkya-Tathâgata die goldbestickte Robe. Er hieß Mahâkâshyapa, beim Berg Kukkutapâda zu warten, bis der von der Welt Verehrte Maitreya zu seiner Inkarnation hinabsteige, und diesem dann die Robe zu übergeben. In unserem schlimmen Zeitalter gibt es viele Chan-Schüler. Unser Patriarchenmeister Bodhidharma übertrug darum eine Robe, die für die Bestätigung seines Dharma steht, und ordnete an, dass nachfolgende Schüler dieses Zeichen als vererbte Autorisierung erlangen müssten.

*Chan-Meister Wuxiang*

Chan-Meister Wuxiang aus dem Jingzhong-Kloster in der Stadtpräfektur Chengdu trug den Laien-Familiennamen Kim und entstammte einem Clan von Silla-Prinzen aus Korea. Als er noch in seinem Heimatland war, sollte seine Schwester verlobt werden, nahm jedoch ein Messer, zerschnitt sich ihr Gesicht und gelobte, „zum Wahren zurückzukehren". Wuxiang rief tief berührt: „Mädchen sind nachgiebig und schwach, doch sie weiß um die Bedeutung der Keuschheit. Kerle sind hart und stark – wie kann es mir dann an solchem Geist mangeln?" Daraufhin zog er in die Hauslosigkeit und gelangte schließlich nach China. Dort suchte er Meister auf und befragte sie nach dem Weg, bis er das Dechun-Kloster in Zizhou erreichte und dem Ehrwürdigen Tang (Chuji) seine Aufwartung machte. Dieser war krank und konnte ihn nicht empfangen, woraufhin Wuxiang einen seiner Finger wie eine Kerze abbrannte und dem Ehrwürdigen Tang als Opfer darbrachte. Der Meister erkannte, dass es sich bei Wuxiang um keinen gewöhnlichen Menschen handelte, und behielt ihn zwei Jahre bei sich.

Später lebte Wuxiang in den Tiangu-Bergen. Unterdessen hatte der Ehrwürdige Tang seinen Gehilfen zu Wuxiang geschickt, um ihm insgeheim die Robe der Bestätigung mit diesen Worten anzuvertrauen: „Diese Robe wurde vom Patriarchen-Meister Bodhidharma übertragen, Zetian gab sie dem Ehrwürdigen Shen, dieser vermachte sie mir, und ich vertraue sie nun dir an." So lebte Wuxiang als Erbe von Dharma und Robe unterhalb einer Klippe in den Tiangu-Bergen und wurde „Ehrwürdiger Kim" genannt. Seine Kleidung bestand aus Gras und seine Diät war spärlich; wenn es keine Nahrung gab, aß er sogar Erde. Die Tiere in der Wildnis waren so bewegt, dass sie ihn beschützten.¹ Später lehrte er auf Bitten von Großmeister Zhangqiu Jianqiong² mehr als zwanzig Jahre lang den Weg im Kloster Jingzhong.

Am fünfzehnten Tag des fünften Monats im Jahr 762 dachte Wuxiang plötzlich an Wuzhu aus den Baiyai-Bergen: „Ich bin krank. Wuzhu wird mich sicher besuchen kommen." Immer wieder fragte er seine Gehilfen: „Warum ist denn Chan-Meister Wuzhu noch nicht hier? Ich werde alt." Schließlich sandte er den Arbeiter Dong Xuan los: „Nimm meine Robe der Bestätigung und siebzehn andere Kleidungsstücke und bringe sie heimlich zu Chan-Meister Wuzhu. Er muss gut auf sich aufpassen. Es ist noch nicht die Zeit für ihn, die Berge zu verlassen, er sollte drei bis fünf Jahre länger warten. Wenn er dann hört, dass überall im Land Frieden herrscht, kann er sich zeigen." So wurde die Übertragung aus der Ferne geregelt.³ (...)

Wuxiang führte in jedem zwölften und ersten Monat Zeremonien zum „Empfang der Bedingungen"⁴ für zahllose Menschen der vier Versammlungen [von Mönchen, Nonnen, männlichen und weiblichen Laien] durch. Das Heiligtum des *bodhimanda* [„Ort des Erwachens"] wurde großartig hergerichtet, und Wuxiang nahm den hohen Sitz ein, um den Dharma zu erläutern. Nach einer Rezitation des Buddhanamens sagte er:

„Nicht-Rückbesinnen, Nicht-Denken und ‚Lass dich nicht blenden': Nicht-Rückbesinnen ist *shîla* [Gebote], Nicht-Denken ist *samâdhi*, und ‚Lass dich nicht blenden' ist *prajnâ* [Weis-

---

¹ Nach einer weiteren Quelle blieb Wuxiang unbewegt, als sich zwei Bullen bekämpften und einer seine Hufe in seinen Bauch stemmte; in einem anderen Fall bot sich Wuxiang nackt zwei Tigern zum Fraße dar, die daraufhin seine
² Ein Militärbeauftragter, der den Buddhismus für seine politische Karriere zu nutzen wusste und für seinen Einsatz im Krieg gegen die Tibeter gelobt wurde.
³ Auch die Übertragung auf Wuxiang selbst (durch Chuji) soll derart durch Gehilfen geschehen sein.
⁴ Gemeint ist wohl das Empfangen der Bodhisattva-Gelübde.

heit] Diese drei Formeln sind die Tore, durch die man die Gebote vollständig aufrecht erhält.

Wenn Gedanken nicht entstehen, ist dies wie die Oberfläche eines Spiegels, die Myriaden von Bildern wiedergeben kann. Tauchen jedoch Gedanken auf, dann ähneln sie der Rückseite eines Spiegels, die nichts reflektieren kann.

In einem einzigen Augenblick unterscheidet man auftauchende Wahrnehmung, in einem einzigen Augenblick taucht Wahrnehmung auf und ist ausgelöscht, und wenn in dem Augenblick, in dem Wahrnehmung ausgelöscht wird, dieser Wahrnehmungs-Augenblick nicht unterbrochen wird, dann ist dies ‚den Buddha sehen'. Um es zu verdeutlichen: Zwei Männer, die einst Reisekameraden waren, gelangten in verschiedenen Ländern an, und ihre Väter sandten ihnen Briefe mit Anweisungen und Ermahnungen. Der eine las seinen Brief und befolgte seines Vaters Instruktionen; er tat nichts, was gegen ein Gesetz verstoßen hätte. Der andere stimmte jedoch nicht mit dem Inhalt des ihm gesandten Briefes überein und tat rücksichtlos Übles. Unter den zahlreichen Lebewesen sind diejenigen, die sich aufs Nicht-Denken verlassen, von kindlichem Gehorsam; diejenigen, die sich auf Texte und Schriftzeichen verlassen, sind ungehorsame Kinder." (…)

„Meine drei Formeln wurden vom Patriarchen-Meister Bodhidharma übertragen und sind die Tore, durch die die Praxis vollständig erhalten wird. Das Nicht-Entstehen von Gedanken ist das Tor der Gebote, der Meditation und der Weisheit. Es ist das Tor, durch das alle Buddhas der Vergangenheit, Gegenwart und Zukunft, so zahlreich wie die Sandkörner des Ganges, eingetreten sind. Es ist unmöglich, dass es noch andere Tore gibt."

*Lehrreden des Ehrwürdigen Wuzhu*

„Betrachtet den unmittelbaren Geist als *bodhimanda* (*daochang,* Ort des Erwachens). Betrachtet euren Eifer für die Praxis als *bodhimanda*. Betrachtet den tiefgründigen Geist, das Unbefleckte, das Nicht-Ergreifen, das Nicht-Ablehnen, das Nicht-Handeln als *bodhimanda*. Betrachtet unendliche Weite und Gleichmut als geschicktes Mittel. Seht die Transzendenz von Merkmalen als das Feuer und Befreiung als den Weihrauch an. Betrachtet Nicht-Behinderung als Reue, Nicht-Denken als Gebote, Nicht-Handeln und Nicht-Erlangen als Meditation und Nicht-Dualität als Weisheit. Seht aber nicht diese hergerichtete rituelle Arena als *bodhimanda* an.[5] (…)

Nicht mit der Geburt übereinstimmen, nicht an Stille hängen, nicht in *samâdhi* eintreten, nicht in Sitzmeditation verweilen – so ist Nicht-Geburt und Nicht-Praxis, und der Geist ist ohne Verlust und Gewinn. Schatten und Körper werden beide verneint und weder Natur noch Merkmale konstituiert."

---

[5] Hier wird aufs *Vimalakîrti-Sutra* Bezug genommen (T. 14 (475) 42c13–543a8).

*Wuzhu und Wuxiang*

Der Ehrwürdige stammte aus dem Distrikt Mei in Fengxiang. Sein Familienname war Li. Sein Dharma-Name war Wuzhu, und er war damals fünfzig Jahre alt. Während der Kaiyuan-Ära (713-741) zeichnete sich sein Vater in der Armee bei Shuofang aus. Als Wuzhu zwanzig war, übertraf seine körperliche Stärke die anderer Männer, und er ragte in den Kriegskünsten heraus. Damals war Prinz Xin'an Militärbeauftragter in den Bezirken Hebei und Shuofang. Er erkannte den Mut und Eifer des Ehrwürdigen und verlieh ihm einen besonderen Rang. Der Ehrwürdige klagte oft vor sich selbst: „Welcher Mensch ist nicht erfreut über weltlichen Ruhm? Ich bin nun ein ‚wahrer Held', doch einem ‚wahren Freund' muss ich erst noch begegnen. Zu leichtfertig kann man sein Leben verschwenden." Darum gab er seine offizielle Stellung auf und suchte nach einem Lehrer, der ihm den Weg zeigen konnte. Er traf auf den weiß berobten Laien Chen Chuzhang, dessen Herkunft unbekannt ist. Die Leute nannten diesen damals eine Inkarnation Vimalakîrtis. Er legte den Dharma der plötzlichen Lehre dar. Sobald er Wuzhu traf, bestätigte er im Geheimen deren gegenseitiges Verständnis und übertrug den Geist-Dharma. So durchtrennte Wuzhu vollständig das Denken, beendete alle ruhelose Aufregung, gab die Phänomene und Merkmale auf. Drei bis fünf Jahre lang praktizierte er selbst als Laie.

Während der Tianbao-Ära (742-755) hörte Wuzhu vom Ehrwürdigen Ming auf dem Berg Daoci in Fanyang, dem Ehrwürdigen Shenhui aus der Östlichen Hauptstadt Luoyang und dem Ehrwürdigen Zizai aus der Subpräfektur Taiyuan, die alle Schüler des sechsten Patriarchen Huineng waren und den Dharma der plötzlichen Lehre verkündeten. Zu dieser Zeit war Wuzhu noch kein Mönch. Er ging nach Taiyuan und machte dem Ehrwürdigen Zizai seine Aufwartung. Dieser lehrte: „Inmitten von

Reinheit ohne Merkmale von Reinheit zu sein, dies ist die wahre Reinheit der Buddha-Natur." Sobald Wuzhu das hörte, wollte er seinem früheren Weg abschwören. Der alte Zizai und alle Vinaya-Meister mochten ihn nicht gehen lassen und sagten: „Dies ist der Firstbalken des wahren Dharma." Also nahm er die Tonsur und legte die Robe an.

Im Jahr 749, als er die vollständigen Gebote empfangen hatte, verließ der den Ehrwürdigen Zizai und ging ins Qingliang-Kloster auf dem Berg Wutai, wo er einen Sommer verbrachte. Er hörte dort Darlegungen über die „Spuren des Weges", die vom Ehrwürdigen Ming vom Berg Daoci stammten, und über den Sinn von Aussprüchen vom Ehrwürdigen Shenhui. Weil er deren Bedeutung verstand, suchte er diese Lehrer nicht selbst auf, um ihnen Respekt zu bezeugen.

Im Jahre 750 verließ er zum Sommerende die Berge und gelangte in die Westliche Hauptstadt Chang'an, wo er zwischen den Klöstern Anguo und Chongsheng hin und her pendelte.

Im Jahre 751 begab er sich nach Nord-Lingzhou und lebte zwei Jahre auf dem Berg Helan. Dort machte ihm ein Händler namens Cao Gui seine Aufwartung und fragte: „Ist der Ehrwürdige je in Jiannan gewesen, und kennt er den Ehrwürdigen Kim?" Wuzhu antwortete: „Ich kenne ihn nicht." Gui sagte: „Ihr seht genau wie er aus mit Eurem Muttermal über dem Nasenrücken, und Eure Gesichtsform ähnelt der des Ehrwürdigen Kim in meiner Heimat so sehr, dass ich keinen Unterschied erkennen kann. Es muss sich um einen Wandlungskörper handeln."

Wuzhu fragte Cao Gui: „Du bist also aus Jiannan. Sag mir, welche Lehre verbreitet dieser Ehrwürdige?" Cao Gui erwiderte: „Nicht-Rückbesinnen, Nicht-Denken und Nicht-Vergessen. Einmal empfing ich die Bodhisattva-Gelübde, und er fragte mich danach: ‚Wo gehst du hin?' Ich antwortete: ‚Meine verehrten Eltern leben noch, und ich möchte nach Hause gehen, um sie zu sehen.' Der Ehrwürdige Kim sagte: ‚Nur Nicht-Rückbesinnen, Nicht-Denken und Alles-Aufgeben, klar und weit – sieh mal, ob dann deine Eltern noch da sind oder nicht.' Dies ist gewiss, was er damals sagte, aber ich verstehe es noch immer nicht. Nun gebe ich es an Euch weiter." Als Wuzhu diese Lehre hörte, verstand er sie eindeutig und begegnete so dem Ehrwürdigen Kim aus der Ferne von Angesicht zu Angesicht. Bald verließ er den Berg Helan und ging nach Nord-Lingzhou, um die Reisepapiere für Jiannan zu bekommen und dem Ehrwürdigen Kim seine Aufwartung machen zu können. Doch er wurde festgehalten, Prinz Yaosi, der Ehrwürdige Shi und die Vinaya-Meister Biancai und Huizhuang sowie andere Ehrwürdige wollten ihn nicht gehen lassen.

Im Jahre 757 verließ Wuzhu insgeheim Nord-Lingzhou und gelangte auf seinem Weg in die Stadt Dingyuan nach Fengning, wo ihm der Militärkommandeur Yang Hanzhang seine Reisepapiere ausstellte. Auch er versuchte Wuzhu zurückzuhalten und fragte ihn: „Ist der Buddha-Dharma nur in Jiannan oder auch hier? Wenn ‚dort' und ‚hier' eins sind, warum müsst Ihr dann gehen?" Wuzhu erwiderte: „Wenn man den Geist kennt und die Natur versteht, dann durchdringt der Buddha-Dharma alle Orte. Doch ich befinde mich noch auf der Stufe des Lernens, und mein ‚wahrer Freund' ist in Jiannan, also werde ich die weite Reise antreten und mich ihm unterwerfen." Der Militärkommandeur fragte weiter: „Wer ist denn Euer ‚wahrer Freund'?" Wuzhu antwortete: „Es ist der Ehrwürdige Wuxiang, dessen bürgerlicher Nachname Kim lautet. Heute nennen ihn die Menschen den Ehrwürdigen Kim." Der Militärkommandeur fiel auf die Knie und stellte die Reisepapiere aus.

Als Wuzhu nach Fengxiang gelangt war, versuchten auch dort die Ehrwürdigen ihn aufzuhalten, doch er verweilte nicht, sondern nahm den Weg zum Berg Taibai und verbrachte den Sommer dort. Danach reiste er über die Straße im Xishui-Tal nach Nanliangzhou. Die Mönche und Novizen dort versuchten ihn aufzuhalten, doch er blieb nicht.

Im Jahre 759 erreichte Wuzhu das Kloster Jingzhong in der Subpräfektur Chengdu. Zunächst traf er auf Meister Anqian, der ihn dem Ehrwürdigen Kim vorstellte. Als dieser ihn erblickte, war er außerordentlich erfreut und ließ Meister Anqian als Gastgeber eine Unterkunft im Säulengang abseits des Glockenturms herrichten. Dies geschah während einer Zeremonie zum Empfang der Bodhisattva-Gelübde, der sich Wuzhu anschloss und die drei Tage und Nächte dauerte.

Jeden Tag sprach der Ehrwürdige Kim mit lauter Stimme zur Versammlung: „Warum geht ihr nicht in die Berge, was nutzt es denn, hier zu verweilen?" Seine Gehilfen empfanden das als seltsam und meinten: „Der Ehrwürdige Kim hat nie zuvor so geredet, warum tut er es also jetzt?" Doch Wuzhu ging im Stillen in die Berge. Als sich später der Ehrwürdige Kim nach ihm sehnte, fragte er: „Warum kommt er denn nicht?" Darauf sagten die Gebotelehrer Kong und Qin, die Wuzhu gern identifiziert hätten: „Wir fürchten, ihm eines Tages zu begegnen, ihn aber nicht zu erkennen."

In den Bergen wandte sich Wuzhu ihnen mit einem leidenschaftlichen Blick zu und sagte: „Auch wenn ich hier bin, sehen der Ehrwürdige Kim und ich uns andauernd. Selbst wenn wir wünschten, uns nicht zu kennen, stünden wir uns noch in einer Entfernung von tausend *li* von Angesicht zu Angesicht gegenüber. Mit meinen besten Empfehlungen möchte ich euch eine Parabel erzählen:

„Vor langer Zeit verbrachte der Buddha die drei Monate der Sommerklausur im *Trâyastrimsha*-Himmel und legte seiner Mutter Mahâmâyâ den Dharma dar, während die sechzehn großen Könige und alle Wesen sich nach ihm sehnten. Also sandten sie Mahâmaudgalyâyana in den *Trâyastrimsha*-Himmel, um den Buddha um seine Rückkehr zu bitten. Als der Buddha nach

Jambudvîpa hinabsteigen wollte, meditierte Subhuti gerade in einer Steinzelle und wollte sie darum verlassen. Doch dann dachte er bei sich selbst: ‚Ich habe gehört, wie der von der Welt Verehrte sagte. ‚Wenn du dich in *samâdhi* befindest, bedeutet dies, mich zu sehen. Wenn du aber herbeieilst, um meinen Formkörper anzuschauen, wo ist da der Nutzen?' Darum trat Subhuti erneut in *samâdhi* ein.

Zu dieser Zeit wollte die Nonne Utpalavarnâ (Lianhuase) ihren schlechten Ruf tilgen und versuchte, als erste den Buddha zu begrüßen. Alle Könige der großen Königreiche und alle Arten von *nâga* [mythologische Schlangenwesen] und Gottheiten umkreisten den Buddha vollständig, es gab kein Durchkommen. Die Nonne verwandelte sich in die tausend Söhne des Großen Cakravartin-Königs und kreiste die Gesellschaft ein, woraufhin ihr *nâga*, Gottheiten und Könige einen Weg frei machten. Utpalavarnâ verwandelte sich in ihre ursprüngliche Form zurück, und als sie den von der Welt Verehrten umrundet hatte, legte sie ihre Handflächen aneinander und sprach die Verse: ‚Ich bin die Erste, die den Buddha begrüßt, und die Erste, die ihm Ehrerbietung darbringt.' Dann warf sie sich nieder und erhob sich wieder. Der von der Welt Verehrte sagte zu ihr: ‚In dieser Gesellschaft bist du die Letzte.' Die Nonne sprach zu ihm: ‚In dieser Gesellschaft gibt es keine Arhats, warum sagt Ihr da, ich sei die Letzte?' Der von der Welt Verehrte erwiderte: ‚Subhuti befindet sich in seiner Steinzelle in fortwährendem *samâdhi*, also war er der Erste, der meinen Dharma-Körper sehen konnte. Du bist herbeigeeilt, um meinen Formkörper anzuschauen, also bist du die Letzte.'" Daraus schloss Wuzhu: „Der Buddha hat hier einen klaren Auftrag erteilt, darum werde ich den Ehrwürdigen Kim nicht aufsuchen."

Meister Daoyi, der mit Wuzhu in der Bergklause weilte, praktizierte das Rezitieren der Schriften sowie die Anbetung und Anrufung von Buddhas Namen, während Wuzhu das Denken vollständig durchtrennt und alle Sorgen abgelegt hatte, wodurch er in die sich selbst bestätigende Erleuchtung eingetreten war. Daoyi und andere unbedeutendere Meister, die sich bei ihnen aufhielten, sagten zu Wuzhu: „Wir bitten Euch, die sechstägige Periode der Ehrerbietung und Buße mit uns zu verbringen." Wuzhu erwiderte: „Weil wir hier alle zusammen von Vorräten abgeschnitten sind, tragen die Menschen sie zu uns tief in die Berge hinauf. Ihr könnt euch nicht auf formale Praxis verlassen. Ihr wollt euch durch Auswendiglernen irres Gerede aneignen, doch das ist keinesfalls der Buddha-Dharma." Dann zitierte er das *Shûrangama-Sutra:* ,,Der umherirrende Geist findet keine Ruhe. Gestillt ist er *bodhi* (Erwachen). Unvergleichlich reiner, strahlender Geist durchdringt den *Dharmadhâtu* (absolute Realität).' Nicht-Denken ist nichts anderes als den Buddha sehen. Die Anwesenheit von Gedanken ist nichts anderes als Geburt und Tod. Wenn ihr Anbetung und Rezitation praktizieren wollt, verlasst die Berge. Im Flachland gibt es elegante und stille Tempelbezirke, dort könnt ihr gerne hingehen. Wollt ihr aber bei mir sein, müsst ihr euch gänzlich dem Nicht-Denken hingeben. Wenn ihr das könnt, dürft ihr bleiben; wenn nicht, müsst ihr in die Täler ziehen."

Da Meister Daoyis Ansichten nicht mit den Methoden Wuzhus übereinstimmten, verließ er ihn. Im Jingzhong-Kloster in Yizhou traf er auf Gebotelehrer Hekong und die anderen und sagte: „Chan-Meister Wuzhu in den Bergen praktiziert weder Anbetung noch Rezitation, er sitzt einfach in Leere." Das vernahmen Hekong und die anderen mit großem Erstaunen und riefen aus: „Wie könnte das der Buddha-Dharma sein!?" Dann suchten sie zusammen mit Meister Daoyi den Ehrwürdigen Kim auf. Noch bevor Daoyi seine Verbeugungen beendet hatte, hatten Hekong und die anderen den Ehrwürdigen Kim informiert: „Chan-Meister Wuzhu vom Gipfel Tiancang sitzt einfach in Leere. Er ist nicht gewillt, die üblichen Ehrerbietungen und

Rezitationen zu vollziehen, und er lehrt sie auch nicht seine Gefährten. Was ist da los? Wie könnte das der Buddha-Dharma sein?"

Da wurde der Ehrwürdige Kim laut und befahl ihnen allen: „Macht euch raus! Als ich auf der Stufe des Lernens war, saß auch ich in Leere und kam nicht einmal zum Essen, ja, ich ging weder zum Scheißen noch zum Pissen. Ihr versteht nicht, dass auch ich, als ich auf dem Berg Tiangu weilte, weder anbetete noch rezitierte. All meine Mitbrüder wurden auf mich wütend und verließen den Berg. Niemand mehr schickte mir Nahrung, ich hatte nur gebackene Erde zum Essen. Doch selbst da dachte ich nicht daran, den Berg zu verlassen, und widmete mich ganz dem müßigen Sitzen. Als Abt Meng durch meine Gefährten davon erfuhr, ging er sofort zum Ehrwürdigen Tang, um mich zu verleumden. Doch als dieser davon hörte, dass ich müßig herumsaß, war er voller Freude. Unterdessen befand ich mich auf dem Berg Tiangu und wusste nichts von dem Gerede. Als ich erfuhr, dass der Ehrwürdige Tang schwer krank war, begab ich mich hinunter ins Dechun-Kloster in Zizhou. Abt Meng sah mich kommen und wollte mir den Eintritt ins Kloster verwehren. Doch der Ehrwürdige Tang hörte davon und schickte jemanden, um mich zu seiner Halle zu bringen. Ich hatte meine Verbeugungen noch nicht beendet, als der Ehrwürdige Tang mich fragte: ‚Wie beschäftigst du dich auf dem Berg Tiangu?‘ Ich antwortete: ‚Ich tue gar nichts. Ich bin nur selbstvergessen.‘ Der Ehrwürdige Tang erwiderte: ‚Du bist selbstvergessen, und auch ich bin selbstvergessen!‘ Er verstand, doch die anderen hatten keine Ahnung."

Mitten in den Bergen wusste Wuzhu, dass der Ehrwürdige Kim in der Ferne an ihn dachte, und er erkannte dessen Absichten. Also sagte er zu Xuan: „Laie, der direkte Zufluss des Buddha-Dharma vom Patriarchen-Meister Bodhidharma ist nach Jiannan gelangt. Es handelt sich um den Ehrwürdigen Kim.

Wenn du die Bodhisattva-Gelübde nicht von ihm empfängst, ist es gerade so, als würdest du mit leeren Händen von einem Berg voller Schätze zurückkehren." Als Xuan dies hörte, legte er seine Handflächen aneinander, erhob sich und sagte: „Dann wird Euer Schüler also in die Subpräfektur Chengdu gehen, um die Bodhisattva-Gelübde zu empfangen." Wuzhu sagte: „Hier sind Teeknospen, nimm sie als Zeichen meines Vertrauens und übergebe sie dem Ehrwürdigen Kim, zusammen mit meinen Worten und Niederwerfungen. Wenn er sich nach mir erkundigt, sage ihm, dass Wuzhu noch nicht plant, die Berge zu verlassen."

Xuan verabschiedete sich und nahm die Teeknospen mit, die er dem Ehrwürdigen Kim überbringen sollte. Am dreizehnten Tag des vierten Monats im Jahre 762 erreichte er das Jingzhong-Kloster in der Subpräfektur Chengdu, doch weil der Ehrwürdige Kim krank war, durfte ihn niemand besuchen. Dong Xuan traf jedoch auf Meister Bodhi, der ihn zum Ehrwürdigen brachte. Dong Xuan breitete die Teeknospen, die ihm Chan-Meister Wuzhu mitgegeben hatte, aus und überbrachte dem Ehrwürdigen Kim dessen Niederwerfungen. Als dieser die Botschaft vernahm und den Tee sah, fragte er erfreut: „Chan-Meister Wuzhu sandte mir ein Zeichen seines Vertrauens, doch warum ist er nicht selbst gekommen?" Dong Xuan antwortete: „Am Tag meiner Abreise sagte er, er wolle die Berge noch nicht verlassen." Der Ehrwürdige fragte ihn: „Und wer bist du?" Xuan log: „Ich bin Chan-Meister Wuzhus persönlicher Schüler." Der Ehrwürdige fragte: „Bevor du ins Baiyai-Gebirge zurückkehrst, musst du zu mir kommen, denn auch ich habe ein Zeichen des Vertrauens für ihn."

Am fünfzehnten Tag suchte Dong Xuan den Ehrwürdigen Kim auf: „Ich möchte ins Baiyai-Gebirge zurückkehren und stehe zu Euren Diensten." Wuxiang schickte seine Gehilfen hinaus und hieß Dong Xuan in die Halle treten; dieser tat dies auf Knien und mit zusammengelegten Handflächen. Der Ehrwürdige Kim zog eine *kâshâya*-Robe hervor, wie sie nur ganz wenige Menschen besaßen. Er zeigte sie mit den Worten: „Diese wurde dem Ehrwürdigen Shenhui von der Kaiserin Wu Zetian überreicht, der Ehrwürdige Shen gab sie dem Ehrwürdigen Tang, dieser gab sie mir, und ich übertrage sie jetzt Chan-Meister Wuzhu. Diese Robe wird schon lange verehrt. Lass es niemanden wissen!" Als er zu Ende gesprochen hatte, überkam ihn ein Schluchzen: „Diese Robe wurde von einem rechtmäßigen Erben an den nächsten weitergegeben. Man muss sich aufs Äußerste dafür anstrengen!" Dann zog er seine eigene *kâshâya*, seine Unter- und Oberrobe aus, mit dem Sitztuch zusammen siebzehn Teile, und sagte: „Ich werde alt. Nimm diese Dinge und bringe sie heimlich zu Chan-Meister Wuzhu. Richte ihm aus: ‚Sorge gut für dich und strenge dich aufs Äußerste an! Es ist noch nicht Zeit, den Berg zu verlassen. Warte drei bis fünf Jahre, und tue es nur, wenn dich ein willensstarker Mensch willkommen heißt.'" Damit entließ er Dong Xuan und ermahnte ihn: „Beeile dich und lass niemanden davon wissen!"

Nachdem Dong Xuan fort war, sagte der Ehrwürdige Kim zu sich selbst: „Diese Dinge werden letztendlich dort ankommen, wenn auch spät." Er sagte dies, als niemand in der Nähe war. Als die Schüler vor der Halle seine Stimme hörten, gingen sie hinein und fragten ihn: „Warum habt Ihr zu Euch selbst gesprochen?" Der Ehrwürdige sagte: „Ich habe nur vor mich hin gemurmelt." Weil er sehr krank war, fragten einige: „Wohin hat der Ehrwürdige die übertragene Robe der Bestätigung vermacht? Wem wird er den Buddha-Dharma anvertrauen?" Der Ehrwürdige Kim sagte: „Mein Dharma ist an den Ort des Nicht-Verweilens *(wuzhu)* gegangen. Die Robe hängt von der Spitze eines Baumes, niemand hat sie bekommen." Dann fuhr er fort: „Dies ist nicht euer Bereich, ihr solltet an euren ursprünglichen Ort zurückkehren."

Am fünfzehnten Tag des fünfzehnten Monats im Jahre 762 wurde die Einsetzung des Dharma aus der Ferne vollendet. Am neunzehnten Tag wies Wuxiang seine Schüler an: „Bringt mir frische Kleidung, ich will jetzt baden." Inmitten der Nacht, zur Stunde der Ratte, starb er friedlich in sitzender Haltung.

*Cui Gian[6] besucht Wuzhu*

(...) Der Ehrwürdige Wuzhu sprach: „Alle Wesen sind ursprünglich rein und vollständig. Von den Buddhas am oberen Ende bis zu fühlenden Wesen am unteren Ende sind alle von derselben reinen Natur. Mit einem einzigen vom verblendeten Geist der Wesen erzeugten Gedanken werden die Drei Welten jedoch eingefärbt. Es liegt daran, dass die Wesen dachten, man würde behelfsweise Nicht-Denken lehren; doch wenn da keine Gegenwart von Gedanken ist, dann ist auch Nicht-Denken selbst nicht. Nicht-Denken ist somit Nicht-Geburt und Nicht-Erlöschung. Nicht-Denken ist somit Nicht-Liebe und Nicht-Hass. Nicht-Denken ist somit weder hoch noch niedrig, weder männlich noch weiblich, weder wahr noch falsch. Zur Zeit wahren Nicht-Denkens ist selbst Nicht-Denken nicht. (...) Zur Zeit wahren Nicht-Denkens ‚sind alle *dharma* der Buddha-Dharma', und nicht ein *dharma* ist von *bodhi* getrennt."

Weiter sprach Wuzhu: „Wer das *Pranâparamitâ*[7] praktiziert, braucht sonst nichts. Wenn du mit unterscheidendem Geist gibst, dann unterscheiden auch die Himmel deine Gaben. Wie auch immer der Geist unterscheiden will, erhalte den nicht-suchenden, nicht-begehrenden, nicht-empfangenden, nicht-befleckenden Geist. (...) Das unvergleichlich kostbare Juwel wird von selbst erlangt, ohne dass du danach suchst.

Befriedigung zu kennen bedeutet großen Reichtum und Ehre; wenig Begierden zu haben ist freilich größter Frieden und höchstes Glück." (...)

---

[6] Auch Cui-Ning, bedeutender Militärangehöriger aus Henan, der die Shu-Region beherrschte.
[7] Die Vervollkommnung der Weisheit und der Erkenntnis der Wirklichkeit, und entsprechende Sutren.

Als der anwesende Dharma-Meister Wuying dem Ehrwürdigen zuhörte, geriet er aus dem Gleichgewicht. Wuzhu fragte ihn: „Wie viele Arten von *avyâkrta* (Kategorien des moralisch Neutralen) gibt es?" Der Dharma-Meister antwortete: „*Vipaka-avyâkrta* (moralisch neutrale Folgen aufgrund guter wie schlechter Ursachen), *parinama-avyâkrta* (moralisch neutraler Tod und Wiedergeburt), *shilpa-avyâkrta* (moralisch neutrale Künste und Fertigkeiten) und *îryâpatha-avyâkrta* (moralisch neutrale Körperhaltungen und Bewegungen)." Da fragte Wuzhu: „Was ist *vyâkrta* (die Kategorie des moralisch Guten und Schlechten)?" Der Dharma-Meister antwortete: „Es ist das sechste Bewusstsein *(manovijnâna)*."

Der Ehrwürdige Wuzhu sagte: „Das sechste Bewusstsein ist das von *viparyâsa* (Täuschung). Der Grund, warum die zahllosen Lebewesen die Drei Welten nicht verlassen können, sind die Bewusstseinsarten. Wenn keine Gedanken erzeugt werden, sind die Drei Welten befreit. Alle, die ihren Kopf scheren, sind Schüler Buddhas und können keine Zeit mit dem Studium von *vyâkrta* und *avyâkrta* verschwenden. Heutzutage studieren alle Dharma-Meister *avyâkrta*, sie haben kein Vertrauen ins Mahâyâna. ‚Was ist das unübertroffene Mahâyâna? Es ist im Innern selbst-bestätigt und unbewegt, es geht über Namen und Worte hinaus, sein Sinn erschließt sich denen mit tiefgründigem Verständnis, und Dummköpfe können es nicht erfassen.' Verwirklichung bedeutet, zu erkennen, dass alle Gefühle und Bewusstseinsarten leer, still und ungeboren sind."

Weiter führte Wuhzu aus: „Es gibt zwei Arten von *avyâkrta*. Eine ist *nivrta-avyâkrta* (moralisch neutral mit Hindernissen für die Erkenntnis), die andere *anivrta-avyâkrta* (moralisch neutral ohne Hindernisse). Das sechste Bewusstsein und die fünf Bewusstseinsarten des Sehens und der anderen Sinne gehören alle zur Kategorie von *nivrta-avyâkrta*. Vom sechsten Bewusstsein aufwärts hin zum achten gehören alle in die Kategorie von *antvria-avyākria*. Beide Ausdrücke entspringen dem Zwang zur Benennung. Ein weiteres neuntes Bewusstsein hinzuzufügen, das rein sei, bedeutet ebenfalls, eine Illusion zu schaffen.[8]

---

[8] Diese Bezüge werden zum Bewusstseinssystem im Yogâcâra hergestellt.

*Dialog mit Chan-Meister Tiwu*

(...) Tiwu fragte: „Die Chan-Meister hier schlagen Menschen und nennen es Nicht-Schlagen, sie schelten sie und nennen es Nicht-Schelten, und wenn sie Gaben erhalten, sagen sie: ‚nicht erhalten'. Das verwirrt mich."

Wuzhu erwiderte: „*Prajnâpâramitâ* praktizierend sieht man weder den, der begünstigt wird, noch den, der begünstigt. Weil es nichts zu empfangen gibt, empfängt einer all das, was er bekommt. Auch der noch nicht vollendete Buddha-Dharma wird endlos empfangen. Von dem Zeitpunkt, als ich zum ersten Mal meinen Geist hervorbrachte, bis zum heutigen Tag habe ich nicht die winzigste milde Gabe empfangen."

*Auszüge und Zitate I*

„Wer vergilt Buddhas Güte? Derjenige, der gemäß dem Dharma praktiziert. Wer verzehrt Gaben? Derjenige, der nicht in weltliche Angelegenheiten verstrickt ist. Wer ist der Gaben wert? Im Dharma gibt es nichts, was genommen wird." Wenn jemand auf diese Weise üben kann, erhält er von selbst die Gaben aus der himmlischen Küche.

Der Ehrwürdige Wuzhu erläuterte seinen Schülern: „Wenn jemand sich selbst einschränkt und andere verwöhnt, werden die zehntausend Dinge in Harmonie sein. Schränkt aber jemand andere ein und verwöhnt sich selbst, dann sind die zehntausend Dinge nicht wie man selbst."

Wuzhu sprach auch in diesen Versen: ‚"In einem kurzen Gedankenmoment besinne dich der Selbst-Gegenwart.' – ‚Pflege deine eigene Praxis und kümmere dich nicht um Irrtum oder Korrektheit der anderen. Wenn du andere nicht mit Worten oder Taten einschätzt, sind die drei Kategorien des Handelns (Gedanken, Worte, Taten) auf natürliche Weise rein. Willst du das Buddha-Land des Geistes sehen, dann verehre überall die Natur der Soheit.' – ‚Ihr guten Söhne, wenn der knausrige Geist erschöpft ist, öffnet sich der Geist vom Auge des Weges, der so strahlt wie die Sonne. Wenn jemand auch nur ein Fitzelchen knausrigen Geist besitzt, dann wird sein Auge des Weges vollständig bedeckt sein. Dies ist dann die große Grube der Dunkelheit, die nicht vollständig ausgelotet werden kann und aus der aufzusteigen wahrlich schwierig ist.'"

Wuzhu sprach auch diese Verse: „Meine Absichten sind vorzüglich, Gehen, Stehen, Sitzen und Liegen sind allesamt vollständig. Beim Sehen gibt es nichts zu sehen, und am Ende gibt es auch kein Wort, das ausgesprochen werden könnte. Erlangt einfach diese Qualität in euren Absichten und ruht euch bis zur Morgendämmerung auf dem hohen Holzkissen aus."

Was Wuzhu zitierte, war die vollständige Bedeutung der Schriften, das dogmalose ‚Dharma-Tor des Geist-Grundes'. Zur gleichen Zeit zerlegte er wörtliche Erklärungen in Stücke. Was der Ehrwürdige lehrte, war das Unlehrbare. Ich bitte nun meine

Gefährten, sich beim Üben auf die wesentliche Bedeutung zu stützen und nicht an verbalen Erklärungen zu haften, denn wenn sie Letzteres täten, würden sie das ihnen zugeteilte Glück, praktizieren zu können, einbüßen.

Im *Vajracchedikâ-Sutra* heißt es: „Wenn du Merkmale des Dharma ergreifst, bedeutet dies ein Anhaften an ‚ich', ‚anderen' und ‚Wesen'. Wenn du ergreifst, was keine Merkmale des Dharma sind, bedeutet dies ein Anhaften an ‚ich', ‚anderen' und ‚Wesen'. Darum sollte man weder das ergreifen, was Dharma ist, noch das, was nicht Dharma ist. Auf der Grundlage der essentiellen Bedeutung sagte der Tathâgata häufig: ‚Mönche, ihr wisst alle, dass mein Predigen des Dharma wie das Gleichnis vom Floß ist – wenn sogar der Dharma zurückgelassen werden soll, um wie viel mehr dann erst das, was nicht der Dharma ist?'"

Im *Avatamsaka-Sutra* heißt es: „Es ist wie ein Armer, der Tag und Nacht die Schätze der anderen zählt, ohne das er selbst auch nur ein Stück Gold hätte. Inmitten des Dharma nicht praktizieren – die Schriftkundigen *(bahu-shruti)* sind genau so. Es ist wie mit einem Gehörlosen, der Instrumente aufbaut, die nur andere hören können, er selbst jedoch nicht. Inmitten des Dharma nicht praktizieren – die Schriftkundigen sind genau so. Es ist wie mit einem Blinden, der eine Bildersammlung aufhängt, die andere betrachten können, er jedoch nicht. Inmitten des Dharma nicht praktizieren – die Schriftkundigen sind genau so. Es ist wie mit einem Hungernden, der Speis und Trank auftischt, mit denen andere sich vollstopfen, während sein Magen leer bleibt. Inmitten des Dharma nicht praktizieren – die Schriftkundigen sind genau so. Es ist wie mit einem seetüchtigen Schiffsführer, der ans andere Ufer gelangen kann, doch während er andere übersetzt, geht er selbst nicht an Land. Inmitten des Dharma nicht praktizieren – die Schriftkundigen sind genau so."

Im *Dhammapada* heißt es: „Wer vom Essen redet, wird davon nicht satt."

Das *Shûrangama-Sutra* besagt: „Obwohl Ânanda ein hervorragendes Gedächtnis hatte, verfiel er doch falschen Ansichten.

Erwachte Kontemplation[9] verabschiedet sich von Begriffsbildung, Körper und Geist können sie nicht erreichen. Viele aufeinanderfolgende Zeitalter lang in Schriften versiert zu sein kommt nicht eintägiger Praxis von unbeflecktem Dharma[10] gleich."

Das *Fangguang jing* besagt: „Wenn ein einziger Gedanke *samâdhi* stört, ist das, als würden dreitausend mit Menschen angefüllte Welten zerstört. Wenn ein einziger Gedanke aber in *samâdhi* ist, ist das, als würden dreitausend mit Menschen angefüllte Welten wiederbelebt."

Im *Vimalakîrti-Sutra* heißt es: „‚Der Geist weilt weder innen noch außen – dies ist stilles Sitzen. Wer so sitzen kann, wird von den Buddhas bestätigt.' – ‚Man kann den Dharma, der von Wirklichkeit gekennzeichnet ist, nicht mit dem Geist von Geburt und Tod lehren.' – ‚Der Dharma ist jenseits von Auge, Ohr, Nase, Zunge, Körper und Geist, der Dharma überschreitet alle meditativen Übungen. Wie könnte jemand einen solchen Dharma lehren?'" Darum pries der Bodhisattva Manjushrî Vimalakîrtis nonverbale Darlegung mit den Worten: „Dies bedeutet das unmittelbare Eintreten durchs Tor des nichtdualen Dharma."

Der Ehrwürdige Wuzhu erläuterte: „Der Dharma des Nicht-Denkens bedeutet, dass der Dharma von Grund auf nicht-subjektiv ist."

Weiter sagte er: „Erkenntnis, die Wahrnehmung auslöst, ist der Ursprung von Unwissenheit. Doch wenn Erkenntnis ohne Erkennen stattfindet, wird Denken zu Nirwana, zu vollkommener Reinheit ohne Ausflüsse."

Zur Krankheit des Wissens sagte er: „Die Praxis des Wissens ist auch stilles Verlöschen, der Weg von *bodhi*."

---

[9] Mit *jueguan* wurde im Chinesischen *vitarka* (gewöhnliche Kontemplation) und *vicâra* (subtile Kontemplation) wiedergegeben.

[10] Im Englischen meist "non-outflow dharma"; bezieht sich auf die „drei Lehren/Praktiken des Nicht-Ausströmens": die Sammlung von Gedanken, die ihrerseits Gebote begründen, diese wiederum Meditation/Versenkung und diese wiederum Weisheit.

Zur Krankheit der Weisheit sagte er: „Weisheit, die Weisheit sucht, erlangt keine. Nicht-Weisheit und Nicht-Erlangen: Weil nichts zu erlangen ist, ist dies tatsächlich ‚Bodhisattva'."

Wuzhu sagte auch: „Vollkommenes Erwachen kehrt zu ‚nichts zu erlangen' zurück. ‚Ist nicht der geringste Dharma zu erlangen, wird dies unübertreffliche Erleuchtung *(anuttarâ-samyak-sambodhi)* genannt."

Dann erklärte er die grundlegende Krankheit: „Was ist ‚grundlegend'? Alle Wesen sind von Grund auf rein, vollkommen und vollständig. Wo es diesen Ursprung gibt, da gibt es auch Früchte, und weil es Früchte gibt, sammelt der Geist an. Wenn das Bewusstsein Annehmlichkeiten erlangt, werden diese zum Zyklus von Geburt und Tod. Grundlegende Transzendenz überschreitet ‚andere', darum gibt es nichts, woran man sich hängen könnte. Selbst und andere sind beide Nutznießer, und man erlangt Buddha-Erwachen. Der Buddha trägt nicht das Merkmal der Wurzeln aus dem Feld der Sinneswahrnehmungen. Nicht-Sehen heißt, den Buddha ‚inmitten herrlich begründeter, letztgültiger Leere' zu erkennen."

Des Weiteren erklärte er die Krankheiten von Reinheit, Nirwana, Spontaneität, Verwirklichung, Kontemplation, *dhyâna* und Dharma: „Wer im ‚dies' verweilt, leidet an der Krankheit des Verweilens im ‚dies'. Der Dharma ist weder befleckt noch rein, und es gibt kein Nirwana und keinen Buddha; der Dharma transzendiert die Übung der Kontemplation. ‚Auf taufrischem Grund sitzend, erlangt das Bewusstsein *(vijnâna-skandha)* letzte Befreiung *(parinirvâna)*.' – ‚Man geht weit über Verwirklichung als etwas Verwirklichtes hinaus.' – ‚Nicht in *samâdhi* eintretend, nicht in Sitzmeditation verweilend, ist der Geist ohne Gewinn oder Verlust.'"

Auch die Krankheit des „Einen" schlüsselte er auf: „‚Selbst ‚eins' ist nicht wie eins, als eins zerlegt es alle Zahlen in Stücke.' – ‚Sobald ‚eine' Wurzel zum Ursprung zurückkehrt, erlangen die sechs Wurzeln Befreiung.' – ‚Wenn du es an ‚einem' Ort festlegst, gibt es nichts, was nicht unterschieden wäre.' – ‚Alles um dich herum bis zu den zehntausend Erscheinungen ist von einem Dharma geprägt.' – ‚Prinzipiell entsteht ‚eins' nicht, und die drei Funktionen haben keine Wirklichkeit.' ‚Wenn der Geist nicht berechnend ist, dann haben wir dynamische Kontemplation.' Ihr alle solltet Vorstellungen von selbst und anderen überschreiten; ‚selbst' ist die eigene Natur, ‚andere' ist verblendetes Denken. Wenn verblendetes Denken nicht auftaucht, dann ist dies ‚Überschreiten von selbst und anderen und Buddha-Erwachen erlangen'."

*Auszüge und Zitate II*

Der Ehrwürdige Wuzhu sagte stets: „Wenn es eine karmische Ursache gibt, wird sie tausend Meilen weit reichen; gibt es keine Ursache, werden selbst Menschen, die einander gegenüberstehen, sich nicht erkennen. Wenn jemand sich einzig des Dharma bewusst ist, dann bedeutet dies nichts anderes als ‚den Buddha sehen'; es entspricht allen Schriften vollständiger Bedeutung."

Wenn der Ehrwürdige seinen Sitz einnahm, erläuterte er üblicherweise allen, die den Weg studierten, die Gelübde. Da er befürchtete, dass sie sich an wörtliche Erklärungen hängen würden, zitierte er zuweilen die Krabben im Reisfeld und fragte dann nach dem Sinn, doch die Versammlung verstand ihn nicht.

Er zitierte auch ein Gedicht des Brahmacaryas Wang: „Das Auge der Weisheit ist dem Geist der Leere nah, die Löcher im Schädel sind es nicht. Wenn du nicht verstehst, was die Person vor dir sagt, spielt es keine Rolle, dass der Familienname deiner Mutter Respekt genießt."

Einige alte Männer sagten zu dem Ehrwürdigen: „Wir, deine Schüler, haben Frauen und Kinder sowie männliche und weibliche Bedienstete in unseren Haushalten. Wir wollen sie vollständig aufgeben, uns dem Ehrwürdigen unterwerfen und den Weg studieren." Wuzhu antwortete: „Der Weg hat keine besondere Form, die kultiviert werden könnte, der Dharma hat keine besondere Form, die bestätigt werden könnte. Nur durch ungehindertes Nicht-Rückbesinnen und Nicht-Denken ist zu allen Zeiten alles der Weg." Er fragte die alten Männer: „Versteht ihr?" Diese blieben stumm und antworteten nicht, weil sie es nicht begriffen. Wuzhu erläuterte es mit einem Vers: „Deine Frau ist eine taube Fußschelle, deine Kinder sind rasselnde Handfesseln, und du bist ein wertloser Sklave, der alt geworden ist und nicht fliehen kann."

Ein anderes Mal begaben sich einige Meister und Mönche aus Jiannan zum Berg Wutai, um ihre Aufwartung zu machen. Als sie ihren Abschied nahmen, fragte Wuzhu sie: „Ehrwürdige, wo geht ihr hin?" Die Mönche antworteten: „Wir wollen Manjushrî unseren Respekt erweisen." Wuzhu sagte: „Ehrwürdige, der Buddha ist in Körper und Geist, Manjushrî ist nicht weit. Wenn keine verwirrten Gedanken erzeugt werden, dann entspricht das, ‚Buddha zu sehen'. Wieso wollt ihr euch da Umstände machen und in die Ferne reisen?" Die Meister und Mönche wollten jedoch losziehen. Wuzhu gab ihnen einen Vers mit auf den Weg: „Verlorene Kinder, die rastlos wie Wellen umherrasen, den Berg umkreisen und einem Häufchen Erde ihre Aufwartung machen – Manjushrî ist genau hier. Ihr steigt auf Buddhas Rücken, um nach Amitâbha zu suchen."

*Dialog mit Daoisten*

Ein anderes Mal wurde Wuzhu von einer Gruppe Daoisten und Einsiedler aufgesucht, außerdem von zwanzig Dharma-, Vinaya- und Traktate-Meistern, die allesamt führend in Jiannan waren. Der Ehrwürdige fragte die Daoisten: „‚Der Weg, von dem man sprechen kann, ist nicht der dauernde Weg, Namen, die man vergeben kann, sind keine dauernden Namen.' Ist das nicht, was Laozi lehrte?" Die Daoisten bejahten dies. Der Ehrwürdige fragte: „Verehrte Meister, versteht ihr dies oder nicht?" Die Daoisten blieben stumm.

Wuzhu fuhr fort: „‚Beim Lernen wird einer von Tag zu Tag mehr; folgt er dem Weg, wird er von Tag zu Tag weniger. Durch diese allmähliche Minderung gelangt man schließlich zum Nicht-Tun. Im Nicht-Tun gibt es nichts, was nicht getan würde.'"

Er fragte auch: „Im *Zhuangzi* heißt es: ‚Das, was Leben erzeugt, ist nicht geboren; das, was Leben zerstört, stirbt nicht.' Was bedeutet das?" Keiner der Daoisten wagte zu antworten. Wuzhu sagte: „Unter den Daoisten heutzutage studiert keiner Laozi), sondern nur, wie man den Buddha verunglimpfen kann." Als die Daoisten dies hörten, wurden sie blass und legten die Handflächen aneinander.

Dann fragte der Ehrwürdige die Einsiedler: „Hat Fuzi (Konfuzius) nicht das *Yijing* erläutert?" Die Einsiedler bestätigten dies. Der Ehrwürdige fragte: „Hat er nicht Güte, Gerechtigkeit, Anstand, Weisheit und Glauben gelehrt?" Auch dies bestätigten sie. „Wie steht es dann um die wesentliche Bedeutung des *Yijing*?" Die Einsiedler waren allesamt sprachlos. Wuzhu erläuterte ihnen: „Im *Yijing* heißt es: ‚Nichterfassend und nichttuend, still und unbewegt – angeregt, durchdringt die folgende Reaktion alles.' Was bedeutet dies?" Wieder wagten es die Einsiedler nicht, zu antworten. Wuzhu fuhr fort: „Im *Yijing* ist ‚nichtverändernd' und ‚nichterfassend und nichttuend, still und unbewegt' die grundlegende Natur aller Wesen. Wenn einer sich nicht wandelt und nicht verändert, nicht begrifflich denkt und sich nichts vorstellt, dann ist dies die Praxis von Güte, Gerechtigkeit, Anstand, Weisheit und Glaube. Heutzutage erkennen Gelehrte weder die grundlegende Natur noch Gastgeber und Gast. Sie konzentrieren sich auf Sinnesobjekte und machen dies zum Gegenstand ihrer wissenschaftlichen Untersuchungen, was ein großer Fehler ist. Fuzi erläuterte Nichtergreifen und Nichttun, er besaß großes Unterscheidungsvermögen."

Die Einsiedler fragten Wuzhu: „,Angeregt, durchdringt die folgende Reaktion alles' – was bedeutet dies?" Der Ehrwürdige antwortete: „Wenn der *Brahmâloka* (Himmelswelt) nicht gesucht wird, erreicht man ihn von selbst. Wenn karmisches Verdienst nicht angestrebt wird, erlangt man es von selbst. Die Befleckungen werden vollständig erschöpft, der Samen [im Speicherbewusstsein, *âlayavijnâna*] wird entfernt, Brahma, Indra, die *nâga* und *deva* werden alle zur Ehrerbietung bewogen. Wenn der Tathâgata zum Essen in eine Stadt kam, verbeugten sich aus diesem Grund alle Gräser und Bäume, und alle Berge und Flüsse neigten sich ihm zu – um wie viel mehr erst die zahlreichen Wesen? Dies bedeutet: ,angeregt, durchdringt die folgende Reaktion alles'." Die Einsiedler verbeugten sich allesamt vor dem Ehrwürdigen und wollten sogleich seine Schüler werden.

Den Daoisten erläuterte Wuzhu weiter: „(…) Im Nicht-Tun ankommen bedeutet, nicht im Nicht-Tun zu verweilen. Beim Praktizieren von Nicht-Entstehen und beim Praktizieren in Leere macht man Nicht-Entstehen und Leere nicht zum Beweis. Dies ist die Bedeutung von ,nichts bleibt ungetan'. Was Zhuangzis Aussage angeht, dass ,nicht geboren ist, was Leben erzeugt', so ist ,nicht geboren' genau dann, wenn keine verblendeten Gedanken entstehen. Und was ,das, was Leben zerstört, stirbt nicht' betrifft, so bedeutet ,stirbt nicht' genau ,ungeboren'." (…)

Die Daoisten meinten: „Wenn einer es so erklärt, bedeutet es: ,Buddhismus und Daoismus sind nicht zwei.'" Doch der Ehrwürdige widersprach: „So ist es nicht. Zhuangzi und Laozi haben Nicht-Tun, Nicht-Merkmale, das Eine, Reinheit und Spontaneität verhandelt. Der Buddha lehrte freilich, dass sowohl Kausalität als auch Spontaneität nutzlose Theorien seien. ,Alle

Ehrwürdigen und Heiligen stimmen mit dem Dharma des Nicht-Tuns überein, und doch gibt es Unterschiede.' Der Buddha verweilt also weder in Nicht-Tun noch in Nicht-Merkmalen. Verweilt man in Nicht-Merkmalen, sieht man das Mahâyâna nicht. Anhänger der zwei Fahrzeuge (*pratyekabuddha* und *shrâvaka*) sind trunken vom Wein des *samâdhi*, gewöhnliche Menschen trunken vom Wein der Unwissenheit. *Shrâvaka* verweilen in der Weisheit vollständigen Beseitigens von Befleckungen, *pratyekabuddha* in der Weisheit stiller Reinheit. Die Weisheit des Tathâgata erscheint ohne nachzulassen. Zhuangzis, Laozis und Fuzis Lehre kann man mit der der *shrâvaka* vereinen. Der Buddha ermahnte diese, als seien sie ‚blind und taub'. Weiter heißt es: ‚Stromeintreter, Einmalwiederkehrer, Nichtwiederkehrer und Arhats sind alle Heilige, doch ihr Geist ist verwirrt.' – Der Buddha versinkt also nicht in der Menge, sondern überschreitet alles. (…) ‚Er ist in der Welt, ohne von weltlichen Phänomenen befleckt zu sein. Indem wir die Welt nicht vom Letztgültigen trennen, bezeigen wir Hochschätzung, ohne über irgendetwas nachsinnen zu müssen.' (…)"

*Dialog mit Vinaya-Meistern*

Der Ehrwürdige Wuzhu fragte die Vinaya-Meister: „Was sind die Vinaya-Gebote? Was ist *Vinayavinishcaya* und was *Yinayottara*? Was ist der Kern der Gebote, und was der Sinn des Vinaya?" Keiner der Vinaya-Meister wagte zu antworten. Wuzhu fragte sie weiter: „Erkennt ihr Gastgeber und Gast, oder nicht?" Die Vinaya-Meister sagten: „Wir bitten den Ehrwürdigen, uns die Bedeutung von ‚Gastgeber und Gast' zu erklären."

Wuzhu erläuterte: „Kommen und Gehen ist ‚Gast', Nicht-Kommen und Nicht-Gehen ist ‚Gastgeber'. Wenn keine Begrifflichkeiten erzeugt werden, gibt es weder Gastgeber noch Gast, und dem entspricht ‚die Natur sehen'. Die ‚tausend Gedanken und zehntausend Sorgen' nutzen dem Prinzip des Weges nichts, und aufgrund solcher Aufregung verliert man den grundlegenden Geist-König. Gibt es keine Gedanken und Sorgen, dann auch kein ‚Geburt-und-Tod'. Die Bedeutung des Vinaya liegt darin, zu ordnen und zu unterwerfen; die Gebote sind nicht blau, gelb, rot oder weiß. Nicht Farbe (Begierde) und nicht Geist – dies ist der Kern der Gebote, dies ist die grundlegende Natur der Wesen, die von Beginn an vollständig und rein sind. Werden verblendete Gedanken erzeugt, ‚wendet man sich ab vom Erwachen und hin zum Staub', worin ‚das Verletzen der Vinaya-Gebote' besteht. Wenn keine Gedanken erzeugt werden, entspricht dies genau *Vinayottara* und *Vinayavinishcaya*. Wenn keine Gedanken erzeugt werden, dann ist dies das Zerstören aller Bewusstseinsarten des Geistes. ‚Hegt einer Ansichten zum Aufrechterhalten der Gebote, dann verletzt er sie. Ob ‚Gebote' oder ‚Nicht-Gebote', diese beiden Ansichten haben nur ein Merkmal. Wer dies versteht, ist ein großer Meister des Weges.'

– ‚Wenn man sieht, dass Mönche schwere Übertritte begehen und nicht in die Hölle fallen, oder solche, die Reinheit praktizieren, nicht ins Nirwana eintreten, und an solchen Ansichten festhält, dann ist dies unbefangene Erkenntnis.'

Heutzutage predigen die Vinaya-Meister über Sinneskontakt und Reinheit, Aufrechterhalten und Verletzen [der Gebote]. Sie schaffen Formen fürs Annehmen der Gebote, Formen des äußeren Anstands und sogar Formen fürs Essen – alles wird zu Formen gemacht. Im *Vimalakîrti-Sutra* heißt es: ‚Wenn einer Formen schafft, dann gleicht er Nicht-Buddhisten, die die fünf überweltlichen Kräfte praktizieren. Wenn jemand keine Formen schafft, entspricht dies genau dem Unbedingten *(asamskrta)*. Man sollte also keine Ansichten hegen.' Falsche Konzepte sind Befleckung; die Dinge nicht auf den Kopf zu stellen ist Reinheit. ‚Ich' zu ergreifen ist Befleckung, ‚Ich' nicht zu ergreifen ist Reinheit. ‚Aufrechterhalten' und ‚Verletzen' können bloß den Körper bändigen, aber es ist nicht der Körper, der nichts zu bändigen hat. Solange da überhaupt nichts ist, wie kann da einer absolut alles erfassen? ‚Wenn einer nur über das Einhalten der Gebote spricht, besitzt er weder Güte noch Anstand. Die Natur der Gebote ist wie Leere, und wer sie aufrecht erhält, wird von ihnen verwirrt.'[11] – ‚Wenn Geist erzeugt wird, dann auch zahlreiche *dharma*; wenn Geist ausgelöscht wird, dann auch die zahlreichen *dharma*.' – ‚So wie der eigene Geist ist, so auch die Befleckungen falschen Handelns und alle *dharma*.'

Heutzutage werden Vinaya-Meister nur von Ruhm und Vorteilen angezogen. Wie Katzen, die Mäuse verfolgen, machen sie tänzelnde Schritte und kriechen voran, während sie mit ihrer selbstgestalteten Gelübde-Praxis ‚richtig' und ‚falsch' erkennen. Dies ist in der Tat die Vernichtung des Buddha-Dharma und nicht die Praxis eines *shramana*. Im *Lankâ-Sutra* heißt es: ‚In nachfolgenden Generationen wird es die geben, deren Körper *kâshâya* tragen, aber verblendet ‚Sein' und ‚Nicht-Sein' predi-

---

[11] *Dhammapada*, T. 85 (2901) 1435a16–17; ähnlich auch *Vajrasamâdhi-Sutra*, T. 9 (273) 370b22–24.

gen und meinen wahren Dharma verletzen.' In nachfolgenden Generationen wird es Hauslose geben, die verwirrt den Vinaya lehren und den wahren Dharma ruinieren. Es ist besser, wenn einer die *shîla* (Gebote) zerstört statt des wahren Erkennens. *Shîla* verursachen Wiedergeburt im Himmel und führen zu mehr karmischen Fesseln, während wahres Erkennen Nirwana erlangt." Als sie die hörten, erblassten die Vinaya-Meister erschrocken, fühlten sich unwohl und fingen an zu zittern.

Der Ehrwürdige Wuzhu fuhr fort: „(...) Was Nicht-Rückbesinnen und Nicht-Denken angeht, so bedeutet es, sich überhaupt keines Dharmas zu besinnen, weder des Buddha-Dharmas noch weltlicher Lehren. (...) Im Augenblick wahren Erkennens ist dieses Erkennen wie Transzendenz des Erkennens. Wenn das Erkennen unzureichend ist, heißt es ‚den Buddha sehen'. Im Moment des wahren Sehens ist jedoch selbst dieses Sehen nicht. (...) Derart gelassen, weder versinkend noch treibend, weder dahinfließend noch kreisend, aber so lebendig wie ein springender Fisch – und zu jeder Zeit ist alles Meditation!"

[Aus der Eulogie]

Nicht Bedingtheit *(samskrta)* folgend, sich nicht von *avyâkrta* [Kategorien des moralisch Neutralen][12] abhängig machend, Merkmale und Eigenschaften überwindend, nicht ‚dumm' und nicht ‚weise': Die wahre Bedeutung ist weder Sein noch Nicht-Sein. Entgegen der Ansicht gewöhnlicher Menschen und der Absicht tugendhafter Heiliger übersteigt unsere Praxis die drei Fahrzeuge und springt auf einmal über die zehn Stufen *(bhûmi)*. Sie ist weder Ursache noch Wirkung, sie kennt weder andere noch selbst. Sie wirkt ohne Geburt und stilles Erlöschen; sowohl Reflektion wie auch Substanz sind transzendiert. Erkennen ist ohne dunkel oder hell, Nicht-Denken ist genau dies.

Verlasse dich auf Worte nur, um die Bedeutung manifest zu machen. Sobald du diese erfasst hast, vergiss die Worte.

---

[12] Siehe den Abschnitt „Cui Gan besucht Wuzhu".

# Nanyang Huizhong

## 25 Fragen und Antworten

Nanyang Huizhong (?-775), ein gebildeter Schüler des sechsten Patriarchen Huineng – deren Beziehung aber durch die Quellenlage unklar bleibt –, war Nationallehrer während der Tang-Dynastie und besonders im Westlichen Xia, auch als Tangut-Reich bekannt, populär. Etwa vierzig Jahre soll er im Baiyan-Gebirge in Nanyang Meditation praktiziert haben. Seine gesammelten Reden, darunter auch ein Kommentar zum „Herzsutra", wurden in 17 verschiedenen Bänden weithin verbreitet. Das Tangut-Reich, dessen Sprache tibetisch-birmanischen Ursprungs war, wurde später buddhistisch stark von Zongmi (780-841) dominiert, auf den wir noch in diesem Buch eingehen.

Huizhong ist uns heute vor allem noch durch Kôan bekannt, wie dem vom dreimaligen Rufen nach dem Gehilfen, vom Bau der nahtlosen Pagode, von nicht-fühlenden Wesen, die die Buddha-Natur besitzen und den Dharma predigen, und von der Einheit von Körper und Geist. Außerdem schätzte er die Übung, den „Zen-Kreis" zu malen.

Die hier vorliegende Kurzversion eines Textes aus dem 12. bis 13. Jahrhundert trägt im Original den Titel „Eine weitere Sammlung von 25 Fragen und Antworten des Tang-Nationallehrers Zhong aus seinem Aufenthalt im Guangzhai-Tempel"[13]. Sie will nicht zuletzt im Nachhinein das Übereinstimmen seiner Lehre mit der Zongmis belegen.

Huizhong richtete sich polemisch oft gegen die „Südlehre", die zu seiner Lebenszeit von Shenhui begründet wurde, den er einmal als „Parasit im Löwenkörper" und als „Zen-Gast" bezeichnet haben soll, und die aufkommende Hongzhou-Bewegung Mazu Daoyis (709-788), die später schockartige Übungsmethoden wie Schreien und Schlagen entwickelte.

---

[13] Weiterführende Literatur: Kirill Solonin: "The Chan Teaching of Nanyang Huizhong (?-775) in Tangut Translation", in: Nathan W. Hill (ed.): *Medieval Tibeto-Burmese Linguistics IV* (Leiden 2012), S. 267-347.

Mazus berühmten Satz „Der Geist ist Buddha" relativierte Huizhong mit „Weder Geist noch Buddha" und nahm damit bereits die Diskussion um ein wesentliches ethisches Dilemma vorweg, dass die Identifikation des gewöhnlichen Geistes und seiner Wirkungen mit der Buddha-Natur impliziert: „Ein Schüler fragte: ‚Der Geist kennt Bedrängnis, wie könnte er Buddha sein?' Der Meister antwortete: ‚Bedrängnis ist von der Art, dass sie von selbst verschwindet.' Der Schüler fragte weiter: ‚Muss man sie also nicht beseitigen?' Der Meister erwiderte: ‚Bedrängnis abzuschneiden ist die Lehre der Theravadin. Wenn einer erkennt, dass Bedrängnis tatsächlich nicht entsteht, dann kann man dies das große Nirwana nennen.'" Diese Idee, dass geistiges Leiden von selbst verschwinde, sobald die wahre Natur verwirklicht ist, war wesentlich für Huizhongs Denken und verbindet ihn mit dem frühen Chan. Für ihn war die Welt eine Schöpfung des Geistes, dem – wie dem Körper – keine Wirklichkeit innewohnte. Sein Verständnis der Buddha-Natur und seine Folgerung, auch nicht-fühlende Wesen könnten den Dharma predigen, fußte auf dem Huayan-Buddhismus.

Doch auch gegenüber der „Nordschule" war Huizhong kritisch: „Jemand fragte: ‚In der Sitzmeditation die Reinheit betrachten – worum geht es da?' Der Meister erwiderte: ‚Der Geist ist weder befleckt noch rein.'" In jedem Fall sollten wir uns vor Augen halten, dass wir es in den überlieferten Reden nicht mit dem historischen Huizhong zu tun haben, sondern mit einer bereits fiktionalisierten Persönlichkeit.

Der folgende Text versucht freilich, nicht nur die Lehrunterschiede zu Zongmi, sondern auch die zu Shenhui und Mazu auszugleichen.

\*

Der Weg ist ursprünglich nicht der Weg, der Weise hat ihn nur behelfsmäßig als den Weg etabliert; der Name hat ursprünglich keinen Namen, der Weise hat ihn nur behelfsmäßig als Namen etabliert. Wäre der Weg wirklich existent, dann als weltlicher Weg; wäre der Name wirklich existent, dann als weltlicher Name. Gäbe es einen Weg, dann hätte dieser eine Eigenschaft, und Eigenschaften sind nicht letztgültig. Gäbe es einen Namen, dann würde dieser alles übertönen und man könnte nicht mehr sein eigener Meister sein. Darum sagte der Weise: „Mein Weg ist nicht der Weg, mein Name hat keinen Namen. Mein Name ist ungeboren und mein Weg erfährt keine Auslöschung. Der Weg sammelt nicht an noch zerstreut er, in ihm gibt es kein Ja und kein Nein, und darum wird er ‚der Weg' genannt. Er kann nicht durch Unterscheidung ermessen oder durch Gedanken erlangt werden. Die Gewissenhaften sehen ihn nicht, die Gelehrten erkennen ihn nicht. Warum ist dies so? Weil der Weg der ursprüngliche Geist fühlender Wesen ist. Der ursprüngliche Geist überschreitet die Eigenschaften und erlangt Selbst-Meisterschaft." Der Weise hatte den Weg und den Namen wegen des träumenden Bewusstseins begründet. Der Weg wird auf natürliche Weise ohne Kultivierung erlangt, er ist ohne jede Übung durch sich selbst wundersam. Man kann ihn nicht durch Ermessen erlangen oder mittels Weisheit verstehen. Keines der *dharma* dieser Welt kann mit ihm verglichen werden, weswegen der Weise „Leere" als Metapher gebrauchte; doch es gibt nichts, was diesem ähnlich oder gleich wäre. Der Worte sind viele, doch der Weg ist weit weg.

1

Jemand fragte: „Was ist die Bedeutung von ‚die Natur erkennen und Buddha werden'?" Der Meister erwiderte: „Die essentielle Natur kann sehen, doch es gibt nichts zu sehen – dies ist Widerspiegeln. Wegen dieses ‚Widerspiegelns der Quelle' wird unerschöpfliches Verdienst erzeugt – dies ist Natur. Darum heißt es ‚durch das Erkennen der Natur zum Buddha werden'."

Jemand fragte: „Was ist die Bedeutung der vier Merkmale von Geborensein, Verweilen, Unterscheiden und Auslöschen?" Der Meister erwiderte: „Den ‚einen Gedanken' erkennen zu können ist die Bedeutung von Geborensein. Der Übergang von gewöhnlichen Ansichten zum Buddhawerden ist die Bedeutung von Verweilen. Die Essenz zu erkennen ist die Natur, die Natur ist der Weg, der Weg ist Verdienst und Verdienst ist der Buddha; dies ist die Bedeutung von Unterscheiden. Wenn man erkennt, dass die Natur ursprünglich still und leer ist, wenn also Sehen zu Nicht-Sehen wird, dann ist dies die Bedeutung von Auslöschen." Der Fragesteller nahm dies an und bat um weitere Unterweisung.

2

Jemand fragte: „Wenn ein Schüler seinen Geist aktiviert, dann erlangt er kein ‚permanentes Widerspiegeln', sondern wird hier und da unterbrochen. Was bedeutet dies?" Der Meister erwiderte: „Du weißt von der Unterbrechung?" Der Schüler antwortete: „Ich kenne sie." Der Meister sagte: „Wenn du in Wissen verweilst, konzentriere deinen Geist nicht auf die Objekte, sonst wandelt sich dein Wissen selbst in Täuschung. Reinheit und essentielle Natur zu erkennen ist die Quelle des Wahren Weges. Wenn du die essentielle Natur kennst, werden Täuschungen von selbst verschwinden. Man kann die Natur damit vergleichen, wie Wasser Wellen erzeugt: Welches Vergehen läge in der Demut von Wasser? Du hast noch nicht verstanden, dass die Natur im Wesentlichen unbeweglich ist und nicht unterbrochen werden kann." Der Fragende sah seine Zweifel ausgeräumt und ging erfreut davon.

3

Jemand fragte: „Im *Vimalakîrti-Sutra* heißt es: ‚Im gezügelten Geist zu verweilen ist der Dharma derjenigen, die der Stimme lauschen. Nicht im gezügelten Geist zu verweilen ist der Dharma der Dummen. Sowohl im gezügelten als auch im ungezügelten Geist zu verweilen ist der Dharma der Bodhisattvas.' Was ist dann der Dharma der Buddhas?" Der Meister erwiderte: „Dass man diese drei Arten von Zügeln und Unterdrücken sehen kann, liegt an verwirrten Unterscheidungen. Zu erkennen, dass das Wesentliche ursprünglich keine Unterscheidungen hat, ist der Dharma der Buddhas." Der Fragende merkte an, wie tiefgründig dies sei.

4

Jemand fragte: „Was bedeuten Gebote, Konzentration und Weisheit?" Der Meister erwiderte: „Zu erkennen, dass die Natur still und rein ist, bedeutet Gebote. Weiter zu erkennen, dass das Wesentliche grenzenlos und unbeweglich ist und keiner oberflächlichen Weltlichkeit folgt, dies ist Konzentration. Wenn Wesentliches und Natur keine Grenze haben, wenn Licht wie durch ein Glas innen und außen durchdringt und wenn die Übung ohne Hindernisse ausgeführt wird, dann ist dies Weisheit." Der Fragende merkte an: „Unter Myriaden fühlender Wesen gibt es keinen, der dies verstünde. Seit alters mühen sich fühlende Wesen vergeblich ab. Was bliebe da noch zu sagen?"


5

Jemand fragte: „Wie sollte jemand sich üben, um ein Buddha zu werden?" Der Meister erwiderte: „Nicht-Denken und das Wesentliche erkennen, so wird man Buddha." Der andere fragte weiter: „Was bedeutet Nicht-Denken?" Der Meister erwiderte: „Nicht-Denken wird zum Buddha." Der andere wollte wissen: „Wie sind die Gedanken derjenigen, die noch nicht Buddhas sind?" Der Meister antwortete: „Buddha sagte: ,Gibt es nicht einmal die winzigsten Gedanken über *dharma* zu erlangen, dann ist dies universelle Weisheit *(anubodhi)*." Der Fragende ging erfreut von dannen.

## 6

Jemand fragte: „In einem Sutra steht: ‚Da zerlegt einer die Gliedmaßen und Gelenke seines Körpers und lässt sein Blut abfließen, um in einem Akt der Ehrerbietung die Menschen zu retten.' Wird man dadurch denn ein Buddha?" Der Meister erwiderte: „Nein. Was Buddha wird, ist Geist. Glieder und Gelenke sind der Körper. Der Körper ist Erde, Wasser, Feuer und Wind, wie könnte er Buddha werden?" Der andere fragte weiter: „Wenn diese Worte also falsch sind, wie kann einer dann Buddha werden?" Der Meister antwortete: „Erkenne die Natur, und es wird von selbst geschehen." Der andere fragte: „Welchem Ding ähnelt die Natur denn?" Der Meister sagte: „Es gibt nichts, was ihr ähnelt. Wenn du sie erkennst, wird es klar. Wenn nicht, wirst du es auch durch Nachdenken nicht verstehen."

7

Jemand fragte: „Was sind die drei großen unermesslichen Zeitalter (*asamkhyeya kalpa* [in denen Buddha vor seinem Erwachen praktiziert haben soll])?" Der Meister antwortete: „Es sind Gier, Wut und Dummheit." – „Wie soll man diese auslöschen?" – „Auslöschen ist eine Täuschung. Schon während all der *kalpa* waren diese drei Gifte ursprünglich leer. Wenn du dies verstehst, werden sie von selbst verschwinden. Wer nur auf der Grundlage des Auslöschens begreift, wird bloß im Himmel geboren. Wer Buddhaschaft erlangen will, sollte seinen Geist auf der Grundlage von Weisheit erwecken. Der Buddha nannte dies: ‚Die Täuschungen nicht auslöschen und in Nirwana eintreten'. Die Schüler erkennen nicht, dass die Natur ursprünglich ungeboren ist, sie wollen ihren Geist aktivieren, um Täuschungen auszumerzen. Doch der Geist, den man anregt, um Täuschungen zu beseitigen, ist der getäuschte Geist selbst. So bindet man sich selbst und verhindert Befreiung. Übende sollten also ihre Gedanken nicht weiter erregen. So wird Befreiung erlangt."

8

Jemand fragte: „Werden fühlende Wesen zu Buddhas?" Der Meister sagte: „Nein." Der andere fragte weiter: „Wer wird dann Buddha?" Der Meister erwiderte: „Fühlende Wesen sind eine Illusion. Sie verweilen in den vier Eigenschaften, wie könnten sie da Buddhas werden? Was Buddha wird, ist die essentielle Natur der fühlenden Wesen." Der andere erkundigte sich weiter: „Was ähnelt diese essentielle Natur der fühlenden Wesen?" Der Meister sagte: „Sie ähnelt nichts anderem, man kann sie mit nichts in der Welt vergleichen und mit keinerlei Maß messen."

9

Ein Taoist fragte: „Praktiziert Ihr den Weg, Meister?" Der Meister erwiderte: „Was ist dein Weg?" Der Taoist sagte: „Der Weg ist das *chi* von Leere und Stille. Wir trinken den Tau und essen die Medizin, klären die Gedanken und werfen den Schmutz fort, nähren und erweitern unseren Geist." Der Meister meinte: „Du verstehst den Weg nicht. Hör zu, ich will dir nun davon erzählen. Der Weg ist die essentielle Natur aller fühlenden Wesen. Wenn du ihn erkennst, erlangst du die Herrschaft über dich selbst und stille Freude. Dieser Weg ist tiefgründig und wunderbar. Wenn du nach ihm Ausschau hältst, kannst du ihn nicht sehen; wenn du ihm lauschst, kannst du ihn nicht hören; wenn du nach ihm suchst, wirst du ihn niemals ergreifen. Die Menschen folgen ihm täglich, ohne davon zu wissen. Er ist der Tiefgründigste unter allen Tiefgründigen, das Tor zu allen Wundern. Wer ihn erlangt, verweilt auf ewig, wer ihn versteht, wird nicht durch Kummer bedrängt, wer ihm folgt, erlebt fortwährende Freude. Darum nennt man ihn den Weg." Der Taoist merkte an: „Ihr seid wirklich herausragend, Chan-Meister!"

10

Jemand fragte den Meister: „Sinnt Ihr über Reinheit nach?" Der Meister erwiderte: „Das Nachsinnen über Reinheit ist Täuschung." Der andere fragte weiter: „Wie wird man also Buddha?" Der Meister sagte: „Das Wesen des Selbst ist ursprünglich rein, weshalb soll man da über Reinheit nachsinnen? Das würde nur die Gedanken aufrühren, dann entstünden Fesseln, und diese verursachen Niedergang. Man sollte seine Gedanken nicht erregen, sondern die ursprüngliche Reinheit erkennen und so zum Buddha werden."

11

Jemand fragte: „Was sind die acht Befreiungen?" Der Meister antwortete: „Das achte Bewusstsein ist der Geist der acht Befreiungen." Der andere fragte weiter: „Hat Buddha das achte Bewusstsein?" Der Meister erwiderte: „Der Buddha hat es." – „Und die fühlenden Wesen?" – „Auch sie haben es." – „Warum hat der Buddha dann Befreiung erlangt und die fühlenden Wesen nicht?" – „Die fühlenden Wesen wandeln sich in Abhängigkeit von äußeren Objekten, der Buddha nicht."

12

Jemand fragte: „Wie kann man die drei Bereiche verlassen?" Der Meister erwiderte: „Erkenne, dass der Geist nicht von den drei Bereichen gefesselt ist, so verlässt du sie. Denke weder an die Vergangenheit noch an die Zukunft und überschreite die Gedanken an die Gegenwart, dann wirst du die drei Bereiche verlassen."

### 13

Jemand fragte: „Der Buddha ist fühlende Wesen, die fühlenden Wesen sind der Buddha. Was heißt das?" Der Meister antwortete: „Wenn du die wahre Natur erkennst, bist du Buddha, wenn nicht, gehörst du zu den fühlenden Wesen."

### 14

Jemand fragte: „Wäre es richtig, in die Weisheit einzutreten, die auf Konzentration folgt?" Der Meister verneinte dies. „Wäre es dann richtig, in die Konzentration einzutreten, die auf Weisheit folgt?" Auch dies verneinte der Meister und erklärte: „In die Konzentration einzutreten, die auf Weisheit folgt, ist der Dharma der Hörer. In die Weisheit einzutreten, die auf Konzentration folgt, ist der Dharma der durch sich selbst Erwachten. Konzentration und Weisheit sind gleichwertig – das ist der Dharma der Bodhisattvas. Wahre Konzentration hat kein Merkmal von Konzentration, wahre Weisheit trägt kein Kennzeichen von Weisheit – das ist der Dharma Buddhas."

15

Jemand fragte: „Was ist das Wesentliche, was Natur? Sind sie das Gleiche oder verschieden?" Der Meister antwortete: „Vom Wesentlichen aus betrachtet, sind sie eins, von der Natur aus betrachtet, sind sie verschieden." – „Wie das?" – „Das Wesentliche ist wie Bronze, die Natur wie ein Spiegel, darum sind sie verschieden." – „Spiegel sind doch aus Bronze gemacht, warum sollen sie da verschieden sein?" – „Auch wenn ein Spiegel aus Bronze gemacht ist, kann dieser die Dinge nicht widerspiegeln. Darum sind Wesentliches und Natur verschieden. Alle fühlenden Wesen haben Buddha-Natur, und durch Anleitung ihrer gütigen Freunde können sie ihren essentiellen Geist erkennen. Danach entsteht tüchtige Vollkommenheit von selbst, und der Geist der fühlenden Wesen spiegelt Reinheit wider und erkennt klar richtig und falsch. Ohne den Geist zwanghafter Unterscheidung werden die fühlenden Wesen freilich nicht mehr vom feinsten Staubkorn beschmutzt. Die zehntausend Merkmale werden klar und das Wesen des Spiegels erstrahlt fortdauernd, so dass es kein Kommen und Gehen mehr gibt. Die zehntausend Merkmale sind in Unordnung, doch das Wesen des Spiegels ist beruhigt, es gibt kein hier und kein dort. Wenn Übende ihren Geist erwecken, sollten sie in Übereinstimmung hiermit voranschreiten. Diesem entspricht die Natur der Buddhas."

## 16

Jemand fragte: „Wenn Schüler wahrhaft ihren Geist üben, wird es dann Seelenfrieden und Leere geben?" Der Meister antwortete: „Seelenfrieden und Leere zu sehen ist einzig ein Akt des Geistes." – „Was bedeutet dies?" – „Wenn du wahrhaft den Geist erweckst, erkenne, dass es nichts zu erkennen gibt. Seelenfrieden und Leere zu erleben, wozu soll das gut sein? Verstehe die Worte Buddhas: ‚Wenn da nicht das kleinste *dharma* ist, dann herrscht universelle Weisheit *(anubodhi)*."

## 17

Jemand fragte: „Wenn Täuschung auftaucht und danach Erwachen, gibt es dann Befreiung?" Der Meister verneinte dies. „Wenn die Täuschungen ausgelöscht sind und ebenso das Erwachen, gibt es dann Befreiung?" Der Meister verneinte auch dies. „Wie kann man es dann erlangen" Der Meister erläuterte: „Die Weisheit der Täuschungen erzeugt Täuschung, die Weisheit des Erwachens erzeugt Erwachen. Wenn der Geist leer und still ist und nicht in Weisheit verweilt, dann wird der wahre leere und stille Geist Buddhas erlangt."

18

Jemand fragte: „Wenn fühlende Wesen Verbrechen begehen, kommen sie dann in die Hölle?" Der Meister bejahte dies. „Und was ist mit der Buddha-Natur?" Der Meister sagte: „Für sie gilt das Gleiche." Der andere fragte: „Wenn fühlende Wesen in die Hölle kommen, erfahren sie Leiden als Vergeltung. Wenn ihre Buddha-Natur in die Hölle kommt, leidet sie dann ebenfalls?" Der Meister sagte: „Die Buddha-Natur leidet nicht." Der andere fragte weiter: „Aus welchem Grund erfahren manche Leiden, andere nicht?" Der Meister antwortete: „Vergleiche es mit einem metallenen Gefäß, das in einem Ofen geschmolzen wird – seine Form wird zerstört, nicht jedoch die Natur des Metalls. Was unverändert bleibt, ist das ‚ursprünglich Begründete'. ‚Ursprünglich Begründetes' wird Dauerhaftigkeit genannt, und was wahrhaftig und dauerhaft ist, kann nicht zerstört werden. Könnte es also irgendwelches Leiden erfahren?"

19

Jemand fragte: „Was bedeutet die Gleichwertigkeit von Konzentration und Weisheit?" Der Meister antwortete: „Die Natur ist unbewegt, das ist Konzentration. Unbewegt zu sein und erkennen zu können, das ist Weisheit. Demgemäß zu üben und keine Spuren zu hinterlassen, das ist Gleichwertigkeit. So wird die essentielle Natur in der Lage sein, widerzuspiegeln, und man kann die Buddha-Natur erkennen."

20

Jemand fragte: „Wie wird man ein Buddha?" Der Meister antwortete: „Wenn du einen Augenblick lang nicht über fühlende Wesen und den Buddha nachdenkst, wirst du genau dann Befreiung erlangen." Der andere fragte weiter: „Wie erreicht man Harmonie?" Der Meister erwiderte: „Denke nicht an all das Gute und Schlechte und erkenne selbst Buddha-Natur. Dies ist Harmonie."

21

Jemand fragte: „Ich habe einst die Familie verlassen, weil ich ein Buddha werden wollte. Wie sollte man seinen Geist üben, um Buddha zu werden?" Der Meister antwortete: „Du könntest dem Nicht-Geist folgen und so Buddha werden." Der andere fragte: „Wenn da Nicht-Geist ist, wer wird dann Buddha?" Der Meister sagte: „Der Nicht-Geist wird Buddha. Buddha werden ist ebenfalls Nicht-Geist." Der andere fragte weiter: „Dank seines Mitempfindens und seiner Güte besitzt der Buddha unbeschreibliche Kräfte und kann die zahllosen fühlenden Wesen erlösen. Wenn da Nicht-Geist ist, wer rettet dann diese fühlenden Wesen?" Der Meister erwiderte: „Nicht-Geist zu erlangen ist die wahre Erlösung der fühlenden Wesen. Wenn jemand noch Ansichten zu den fühlenden Wesen hegt, die er zu erlösen habe, dann ist das nur Ausdruck des existierenden Geistes. Solange dieser Geist existiert, gibt es wahrhaft Leben und Tod." Der andere fragte: „Wenn da Nicht-Geist ist, wie kann dann jemand seine Ansichten auslöschen?" Der Meister sagte: „Ursprünglich ist da kein verblendeter Geist, die Achtsamkeit wird nicht unterbrochen und gewöhnliche Ansichten können nicht auftauchen."

22

Jemand fragte: „Wie kann man Übereinstimmung mit ‚einem Gedanken' erreichen?" Der Meister antwortete: „Wenn sowohl Objekt als auch Weisheit abwesend sind, tritt auf natürliche Weise Harmonie ein." Der andere fragte weiter: „Sind Objekt und Weisheit abwesend, wer erkennt dann die Buddha-Natur?" Der Meister sagte: „Wenn Objekt und Weisheit abwesend sind, bleibt allein das widerspiegelnde Wesen, das sich selbst nicht durch sich selbst erkennen kann."

23

Jemand fragte: „Fühlende Wesen und Buddha-Natur unterscheiden sich nicht. Demnach müssten alle fühlenden Wesen Befreiung erlangen, wenn ein Mensch durch sein Handeln Buddha wird. Doch so ist es nicht. Warum nicht?" Der Meister erwiderte: „Hast du noch nichts von den sechs Kennzeichen des Huayen gehört? In Identität gibt es Unterscheidung, in Unterscheidung Identität; im Erschaffen gibt es Zerstören, im Zerstören Erschaffen; im Allgemeinen gibt es das Besondere, im Besonderen das Allgemeine. Die fühlenden Wesen und der Buddha besitzen dieselbe Natur, es gibt keine Hindernisse zwischen ihnen. Ihre Kräfte und Fähigkeiten sind nicht gleich, und jeder von ihnen empfängt gemäß seines Erlangens. Wenn man einem anderen beim Essen zuschaut, macht einen dies nicht satt. Vergleiche es mit Tieren, die alle im selben Bereich leben, aber durch die Ungleichheit ihrer Kräfte nicht das Gleiche erlangen. Ferner verlassen diejenigen unter ihnen, die keine Flügel haben, die Erde nicht, während die beflügelten Wesen in unterschiedlichen Höhen fliegen. Die Eigenschaften eines Phönix können ihn bis an den Rand des Alls bringen, wie könnte man da andere Vögel mit ihm vergleichen? So ist es auch mit den fühlenden Wesen, die alle dieselbe Buddha-Natur haben, sich aber in Erkenntnis und Fähigkeiten unterscheiden."

24

Jemand fragte: „Wenn einer Chan praktiziert, wie kann er dann die Fehltritte des Geistes auslöschen?" Der Meister erwiderte: „Du solltest genau auf deinen Körper und Geist achten. Kann man in den fünf *skandha*, zwölf *nidana* [der Kausalkette] und achtzehn *dhatu* [Grundlagen der Gefühle] das kleinste Ding erlangen?" Der Andere antwortete: „Ich habe mir Körper und Geist genau angeschaut und erkannt, dass da nichts zu erlangen ist." Der Meister fragte: „Hast du die Merkmale von Körper und Geist zerstört?" Der Andere meinte: „Ist denn etwas zum Zerstören übrig, sobald das Selbst, das Körper und Geist auszeichnet, abgeworfen ist?" Der Meister fragte: „Gibt es außerhalb von deinem Körper und Geist noch andere Dinge?" Der Andere sagte: „Was könnten da für andere Dinge sein, wenn es keinen Körper und keinen Geist gibt?" Der Meister fragte: „Hast du die weltliche Eigenschaft zerstört?" Der Andere erwiderte: „Die Eigenschaft der Welt ist eigenschaftslos, was könnte da zerstört werden?" Der Meister bemerkte: „Auf diese Weise hast du die Vergehen getilgt." Daraufhin erwachte der Fragende und rief aus: „Wie tiefgründig!" So empfing er die Lehre.

25

Jemand fragte: „Wenn einer dies begriffen hat, ist es dann noch sinnvoll, sich durch Reisen an verschiedene Orte zu vervollkommnen?" Der Meister sagte: „Du kannst reisen oder es auch lassen. Im *Lankâvatâra-Sutra* steht: ‚Wenn man von einem Punkt ausgeht, aber keinen anderen erreicht, haben dann Auslöschen (Nirwana) und wahre Wirklichkeit *(Tathâta)* auf dem Bodhisattva-Pfad eine Stufenfolge?' Im *Brahmavishesacintipariprccha-Sutra* heißt es: ‚Wenn ein Mensch von der wahren Natur hörte, würde er nicht von einem Ort zum anderen reisen. Ein solcher Mensch würde weder Leben noch Tod folgen noch im Nirwana verweilen.' In weiteren Versen aus dem *Lankâvatâra-Sutra* heißt es: ‚Der Stromeintreter, der Einmalwiederkehrende, der Niemalswiederkehrende und der Arhat – all diese Heiligen existieren nur aufgrund eines getäuschten Geistes.' Wenn du von der letztgültigen Wahrheit ausgehst, dann sind in der Übung des reinen erwachten Geistes keine Orte aufzusuchen. Andererseits wird es auch nicht schaden, an Orte zu reisen und dabei weltlichen geschickten Mitteln zu folgen. Die Dinge [Form und Leere] behindern das Prinzip [des Nicht-Geistes] nicht, das Prinzip behindert die Dinge nicht. Übt man jeden Tag, statt durch Mangel an Übung einen Widerspruch zu erzeugen, kann es dann irgendeine Praxis geben, die nicht erfüllt wird? Wenn du dich an die Dinge hängst und das Prinzip missverstehst, oder umgekehrt, wie willst du da Harmonie erlangen?"

Der Andere fragte: „Hat dieses Dharma-Tor einen Namen und Merkmale?" Der Meister erwiderte: „Dieses Dharma-Tor hatte ursprünglich keinen Namen und kein Merkmal. Darum wurden ein leerer Name und ein leeres Merkmal eingeführt. Der Name dieses Dharma-Tores ist Diamant-*samâdhi*, weil es unzerstörbar ist. Es wird auch *Shûrangama-samâdhi* genannt, weil es un-

unübertrefflich ist. Es heißt auch *samâdhi* der Dharma-Natur, weil es unwandelbar ist. Weiter nennt man es *samâdhi* der Befreiung, weil es keine Fesseln enthält. Wer es versteht, ist der Große Diamant-Mensch, den keiner übertreffen kann."

Der Andere fragte weiter: „Was sind die Kräfte des Großen Diamant-Menschen?" Der Meister sagte: „Nur der Buddha kennt seine Verdienste und Kräfte. In Harmonie mit einem Gedankenmoment kann er die Täuschungen abwerfen, die so zahlreich sind wie die Sandkörner des Ganges, und nichts wird unvollendet sein. Er steht unter dem Schutz der acht Arten von Drachen und Geistern und aller Götter. Er geht überall ohne Hindernis hin, so wie der Löwenkönig. Seine Weisheit ist so strahlend wie die große leuchtende Sonne. Was die Sorge um Geburt und Verlöschen angeht, so wird er weder geboren, noch verlöscht er. Im *Avatamsaka-Sutra* heißt es: „Alle *dharma* sind ungeboren, und sie verschwinden nicht. Wenn du dies verstehst, werden sämtliche Buddhas vor dir erscheinen." Wer außerhalb dieses Dharma-Tores des Geistgrundes der Südschule von den anderen kleinen Lehren spricht, gehört zu denen, die das Hindernis der Unwissenheit *(avidyâ)* nicht beseitigt haben. Es gibt alle möglichen Lehren, die von etwas außerhalb des Geistes sprechen und Probleme aufwerfen. Ihre Anhänger befinden sich in großer Verwirrung. Wie sind all diese Reden möglich? Es sollte Nicht-Zweiheit zwischen den Menschen und ihren Lehren herrschen, also zwischen dem, was sie sagen, und dem, was sie tun. Darum müssen Übende sich immer weiter anstrengen!

Fünfundzwanzig Antworten auf Fragen zu buddhistischen Prinzipien, die dem Tang-Nationallehrer Zhong von der Mönchsversammlung gestellt wurden, während er sich im Kloster Guangzhai aufhielt.

Auszüge aus Yongming Yanshous *Zongjing Lu*
(zum Autor siehe letztes Kapitel) über Nanyang Huizhong

Nationallehrer Nanyang Huizhong sagte: „Die Lehre der Chan-Schule muss den Worten Buddhas *(fuyu)* und der vollkommenen Bedeutung *(liaoyi)* des Einen Fahrzeugs folgen und stillschweigend mit dem ursprünglichen Geistgrund *(benyuan xindi)* übereinstimmen. Was die Chan-Schule überträgt, ist das Gleiche wie das, was der Buddha lehrte. Es wird nicht erlangt, wenn man eine anmaßende Haltung einnimmt. Wenn Chan-Anhänger die Lehren nicht verstehen, bilden sie selbst willkürliche Ansichten. In ihrer Ungewissheit führen sie Schüler in die Irre und berauben sie der Vorteile der Lehre. Wenn sie nur den Fähigkeiten eines echten Meisters vertrauten, würden sie zum Prinzip der inhärenten Wahrheit *(zongzhi)* geführt. Dann könnten sie den Zusammenhang zwischen der traditionellen Lehre und Chan verstehen und in die Nachfolge einer Chan-Linie eintreten. Ansonsten sind sie bloß wie Flöhe auf einem Löwenkörper – sich von dessen Fleisch zu ernähren ist zwar nicht so übel wie der dämonische Pfad von Mâra, aber es kann die buddhistische Lehre zerstören.

\*\*\*

Ein Chan-Schüler fragte: „Was ist Buddha-Geist?"
Meister Huizhong erwiderte: „Dinge ohne Gefühl – wie Zäune und Mauern, Ziegel und Steine – sind alle Buddha-Geist."
Der Schüler fragte weiter: „Das widerspricht doch den Schriften, die besagen: ‚Unbelebte Objekte wie Zäune und Mauern, Ziegel und Steine werden als Buddha-Natur bezeichnet.' Ihr aber nennt sie jetzt Buddha-Geist, ohne erklärt zu haben, ob Geist und Natur verschieden sind."
Der Meister sagte: „Für verwirrte Menschen sind sie verschieden, für Erwachte nicht."
Der Schüler fragte weiter: „Das widerspricht doch ebenfalls den Schriften, die besagen: ‚Geist ist nicht Buddha-Natur. Buddha-Natur ist beständig, Geist ist unbeständig.' Ihr aber behauptet nun, sie seien nicht verschieden. Warum?"
Der Meister sagte: „Du hängt natürlich an den Worten statt an der Bedeutung. Es ist wie mit Wasser, das in kalten Monaten zu Eis gefriert und dann wieder schmilzt, wenn es wärmer wird. Sind fühlende Wesen verwirrt, dann erzeugt ihre gefesselte Natur Geist. Wenn sie erwachen, wird ihr ungehemmter Geist zu Natur. Wenn unbelebte Objekte keinen Geist hätten, wie du sagst, dann würden die Schriften nicht behaupten, das dreifache Reich sei Nur-Geist. So heißt es im *Huayan jing:* ‚Du musst über die Natur des Dharma-Reichs nachsinnen. Alles ist die Schöpfung von Nur-Geist.' Jetzt frage ich dich: Existieren unbelebte Objekte innerhalb des dreifachen Reichs oder außerhalb davon? Sind sie Geist oder nicht? Wenn sie nicht Geist sind, würden die Schriften nicht behaupten: ‚Das dreifache Reich ist Nur-Geist.' Wenn sie hingegen Geist sind, würden die Schriften nicht besagen: ‚Unbelebte Objekte haben keine Buddha-Natur.' Du bist es also, der den Schriften widerspricht, nicht ich."

\*\*\*

Ein Schüler fragte Nationallehrer Huizhong: „Wenn der Tathâgata über Weisheit lehrt, ist dies nicht wirklich Weisheit Was man *prajnâ* nennt, ist bereits völlig entkräftet. Was also ist *prajnâ* tatsächlich?"

Der Meister antwortete: „Die Fähigkeit, das Unbenannte zu erkennen, ist *prajnâ.*"

Der Schüler fragte: „Lehren auch Buddhas auf diese Weise?"

Huizhong erwiderte: „Die Buddhas der Vergangenheit und Gegenwart unterscheiden sich darin nicht. Wenn Weisheit erlangt ist, sind sie von gleichem Geist, und die zahllosen Weisen folgen dem gleichen Pfad."

\*\*\*

Ein Schüler fragte Nationallehrer Huizhong: „In den Schriften heißt es: ‚Alle *dharma* sind ausnahmslos der Buddha-Dharma.' Wird denn auch Töten als Buddha-Dharma angesehen?"

Huizhong erwiderte: „Jede Aktivität, der du dich hingibst, ist ausnahmslos das Wirken von Buddha-Weisheit. Es ist wie mit einem Mann, der ein Feuer macht – ob es nun duftet oder stinkt, er lehnt es nicht ab. Es ist auch wie mit Wasser – ob sauber oder schmutzig, es wird nicht zurückgewiesen. Dies steht für Buddha-Weisheit. Wir wissen, dass Feuer keine Unterschiede macht, die duftende Orchidee wird ebenso von ihm verzehrt wie das übelriechende Gänsekraut. Wasser ist wie überragende Tugend, es maximiert seinen Umfang gemäß des Gefäßes, das es aufnimmt. Darum haben Manjushrî und Angulimâla dem Shâkyamuni ein Schwert entgegengehalten: Wie könnte das keine buddhistische Aktivität sein? Wenn du die *dharma* vom Geist getrennt siehst, erzeugst du Unterscheidungen. Gebe dich stattdessen geradewegs Aktivitäten hin, die auf den wundervollen Sieg des Erwachens ausgerichtet sind, und es wird sich nie erschöpfen."

Ein Schüler bat Nationallehrer Huizhong: „Ehrwürdiger, erklärt mir die Bedeutung."

Huizhong sagte: „Die Bedeutung wurde erläutert. Schüler wie du gehen fahrlässig damit um und werden dann von ihren Lehrern gescholten. Die Bedeutung wird nicht durch öffentliche Diskussion begründet."

\*\*\*

Ein Schüler fragte Nationallehrer Huizhong: „Erlangt Ihr ein Stadium der Stille, wenn ihr keine Gedanken erzeugt?"

Huizhong antwortete: „Selbst einen Zustand der Stille zu beobachten bedeutet, Gedanken zu erzeugen. Darum ist es so schwer, die Wurzeln auszurotten, die Gedanken schaffen. Was Aktivität und Stille erzeugen, ist ausnahmslos auf weltliche Phänomene reduzierbar. Ansichten zu Aktivität und Stille sind darum selbst ein Anhaften an Meinungen, wie Meditation zu praktizieren sei. Zu erklären, die eigene Krankheit sei der Dharma, ist wie der Versuch, Reis durch Kochen von Sand herzustellen oder Fische mithilfe eines Baumes zu fangen: Du verschwendest deine Energie und erschöpfst dich, während du dich äonenlang im Reich der Illusion an Schriften klammerst. Auch wenn die Worte Buddhas in den Schriften tiefgründig sind, ist deren Bedeutung nicht auf textliche Erläuterungen beschränkt. Diese darf man jedoch nicht mit den emotionalen Anhaftungen fühlender Wesen verwechseln, die in bloß vager Kenntnis davon durchs Leben treiben."

\*\*\*

Am Ende von Nationallehrer Huizhongs Leben bat ein Schüler ihn um abschließende Erläuterungen. Der Meister sagte: „Die Lehre enthält eindeutige Darlegungen *(mingwen)*. Wenn du dich daran hältst, wirst du nie ermüden, und wenn du derart übst, wirst du zum Mitglied einer erlesenen Gruppe. Wie könnte deine eigene Erfahrung von bereits dargelegten Ansichten eingeschränkt werden? Wenn du einen farblosen Geist erzeugst, mache dafür nicht leichtsinnig den unvergleichlichen süßen Tau der Lehren des Tathâgata verantwortlich. Er reinigt dich mit unvorstellbar großem Mitempfinden. Sein goldener Mund verkündet die Lehren der Weisen, die nur schwer zu erfassen sind."

\*\*\*

Ein Schüler fragte Nationallehrer Huizhong: „Ehrwürdiger, was ist der befreite Geist?"

Der Meister antwortete: „Der befreite Geist existiert grundsätzlich aus sich selbst. Hältst du danach Ausschau, wirst du ihn nicht sehen. Lauschst du ihm, wirst du ihn nicht hören. Versuchst du ihn zu ergreifen, wirst du ihn nicht fassen. Er ist jeden Tag in fühlenden Wesen aktiv, doch sie wissen es nicht. Dies ist der befreite Geist."

# Guifeng Zongmi

## Der Ursprung des Menschseins

Der hier aus dem Englischen übersetzte kurze Traktat von Guifeng Zongmi (780-841) findet sich als Anhang im Buch von Kaiten Nukariya, *The Religion of the Samurai* (1913). Die Übersetzung dieses Werks liegt seit August 2017 als *Die Religion der Samurai. Eine Studie der Philosophie und Praxis des Zen in China und Japan* im Angkor Verlag vor. Der angehängte Traktat von Guifeng Zongmi steht nur bedingt in einem direkten Zusammenhang mit dem Haupttext; daher wurde er statt dessen in die vorliegende Sammlung mit aufgenommen, in welche er sich inhaltlich besser einfügt.

Guifeng Zongmi war sowohl fünfter Patriarch der einflussreichen Huayen-Schule des Buddhismus (in Japan als Kegon-Schule bekannt), als auch letzter Patriarch der Heze-Schule des südlichen Chan-Buddhismus. Sein diesbezügliches Denken lebte insbesondere im koreanischen Seon-Buddhismus und einem seiner prominentesten Vertreter, Chinul (1158-1210), fort. Der kurze Traktat „Abhandlung über den Ursprung des Menschen" bzw. *Yuanjenlun* (Japanisch *Genninron*) (原人論) ist ein Meisterstück seiner Gelehrsamkeit mit einer Fülle an tiefgründigen Inhalten und Anspielungen. Für ein ausführliches Studium des Textes möge die kommentierte Übersetzung von Peter N. Gregory, *Inquiry into the origin of humanity,* herangezogen werden.

Einige wenige besonders lange Fußnoten wurden als Endnoten des jeweiligen Kapitels gesetzt.

Julian Braun

*Vorwort von Kaiten Nukariya*

Tsung Mih (Shû-mitsu, 775-841), der Autor des *Yuen Jan Lun* („Ursprung des Menschen"), einer der größten Gelehrten, die China je hervorgebracht hat, wurde in einer konfuzianischen Familie im Staate Kwo Cheu geboren. Nachdem er von Tao Yuen (Dôyen), einem bekannten Priester der Zen-Sekte, bekehrt worden war, wurde er im Alter von 29 Jahren als ein bedeutendes Mitglied dieser Sekte zum 11. Patriarchen nach Bodhidharma ernannt, dem ersten Patriarchen der Sekte, der im Jahr 520 von Indien nach China gekommen war. Einige Jahre später studierte er unter Ching Kwan (Chô-kwan) die philosophischen Lehren der Avatamsaka-Schule, welche heute in Japan als Kegon-Sekte bekannt ist, und zeichnete sich als 7. Patriarch dieser Schule aus. 835 wurde er vom Kaiser Wan Tsung zu einer Audienz empfangen, der ihn im Allgemeinen zur buddhistischen Lehre befragte und ihm zusammen mit reichlichen Geschenken den ehrwürdigen Titel eines „Großen Herausragenden Gelehrten" verlieh. Tsung Mih verfasste über 90 Schriften, darunter einen Kommentar zum *Avatamsaka-Sutra*, einen Kommentar zum *Purnabuddha-sutra-prasannartha-Sutra* und vielen anderen. *Yuen Jan Lun* ist eine seiner kürzesten Abhandlungen, enthält aber alle wesentlichen Lehren den Ursprung des Lebens und des Universums betreffend, wie sie sich im Taoismus, Konfuzianismus, Hinayana und Mahayana finden. Für wie wichtig sie unter den buddhistischen Texten angesehen wird, lässt sich daran erkennen, dass über zwanzig Kommentare dazu von chinesischen und japanischen buddhistischen Gelehrten verfasst wurden. Es heißt, dass ein kurzer Essay mit gleichem Namen des bekannten konfuzianischen Gelehrten Han Tui Chi (Kantai-shi, Blütezeit 803-823) Tsung Mih dazu angeregt hat, eine Abhandlung zum selben Thema zu schreiben, um der Allgemeinheit die buddhistische Sichtweise hierüber zu verdeutlichen. Daher nannte er sein Werk „Ursprung des Menschen", auch wenn es den Ursprung des Lebens und des Universums behandelt. Das ganze Werk ist durchsetzt mit paarweisen Sätzen der gleichen Anzahl chinesischer Schriftzeichen, und während häufig ein Satz zu lakonisch erscheint, ist der andere überladen mit überflüssigen Wörtern, welche eingefügt wurden, um die Anzahl der Zeichen gleich zu halten. Ergänzend hierzu ist der Text voll mit konzisen Phrasen ebenso wie mit häufig doppeldeutigen, und er versucht so knapp wie möglich alle möglichen wichtigen buddhistischen Lehren sowie diejenigen der anderen Schulen darzustellen. Aus diesem Grund hat Tsung Mih selbst einige Anmerkungen zu den Passagen verfasst, von denen er dachte, dass sie einer Erklärung bedürfen. Der Leser findet diese Anmerkungen durch ein „A" gekennzeichnet [vermutlich für *Author*, d.h. den Autor des Originaltextes, Tsung Mih], um sie von meinen eigenen Anmerkungen zu unterscheiden.[14]

Kaiten Nukariya

---

[14] Im Folgenden werden die Fußnoten von Nukariya nicht, die von Zongmi (Tsung Mih) mit T.M. gekennzeichnet.

*Einleitung*

Alle die regen Lebewesen unter der Sonne haben ihren Ursprung; alle unbelebten Erscheinungen, unermesslich in ihrer Anzahl, verdanken ihr Dasein einer Quelle.[15] Es kann niemals irgendetwas geben, sei es ein Lebewesen oder eine Sache, welche keinen Ursprung hat; denn es gibt keine Zweige ohne Wurzeln. Wie könnte da der Mensch, die geistigste der Drei Kräfte,[16] ohne einen Ursprung existieren?

Es heißt darüber hinaus, dass andere(s) zu kennen Wissen sei, aber sich selbst zu kennen Weisheit.[17] Wenn nun ich, der ich als Mensch geboren bin, nicht weiß, woher ich stamme, wie könnte ich dann wissen, wohin ich nach diesem Dasein gehe? Wie könnte ich all die menschlichen Angelegenheiten, alte wie neue, in der Welt verstehen? Daher habe ich viele Jahre unter vielen verschiedenen Lehrern studiert, und nicht nur die buddhistischen, sondern auch andere Schriften ausgiebig gelesen. Auf diesem Wege versuchte ich mein Selbst zurückzuverfolgen, und ich habe meine Suche nicht eher beendet, als bis ich wie erwartet zum Ursprung gelangt war.

Konfuzianer und Taoisten unseres Alters kennen als nächsten Ursprung gerade mal ihre Eltern und Großeltern, da wir von diesen abstammen, und diese wiederum von ihren Vorfahren. Sie sagen, im fernsten Ursprung sei das eine *qi* (engl. *gas*) im Zustand des Chaos;[18] dieses teilte sich selbst in die zwei Prinzi-

---

[15] Dieselbe Idee und Ausdrucksweise finden sich im *Tao Teh King* (*Dôtoku-kyô*) des Laozi (Rôshi, 604-522 v.Chr.). [*Daodejing*, Kapitel 16: „Führwahr, mannigfach sind die Dinge; aber jeder Zyklus geht ein in den Ursprung."]

[16] Die Drei Kräfte sind: (1) Himmel, mit der Macht des Umstürzens (*revolution*); (2) Erde, mit der Macht des Zeugens; und (3) Mensch, mit der Macht des Denkens. [Chinesisch *san cai*, 三材]

[17] Ein Zitat aus dem *Tao Teh King*. [*Daodejing*, Kapitel 33]

[18] Solch eine Aussage die Schöpfung des Universums betreffend, wie sie hier gegeben wird, findet sich im *I King* (*Eki-kyô*) [*Yijing*]. Die primordiale

pien des Positiven und Negativen [Yin und Yang]; die beiden Prinzipien brachten dann die Drei Kräfte von Himmel, Erde und Mensch hervor, welche ihrerseits alles Weitere erschaffen haben. D.h. die Menschen ebenso wie alles andere hätten das *qi* als ihre Wurzel.

Manche Buddhisten[19] jedoch behaupten einfach, der nächstliegende Ursprung sei das Karma,[20] da wir als Menschen infolge des Karma geboren werden, welches wir in den vergangenen Existenzen geschaffen haben. Der fernste Ursprung dagegen sei das *alaya-vijnana*,[21] denn Karma wird durch Illusion verursacht, Illusion durch Anhaften und so weiter, mit einem Wort: das *alaya* ist der Ursprung des Lebens. Obwohl alle diese Gelehrten behaupten, dass sie die endgültige Wahrheit erfasst hätten, ist dies nicht zutreffend.

Konfuzius, Laozi und Shakya waren jedoch allesamt die Weisesten der Weisen. Jeder von ihnen hat seine Belehrungen in anderer Form gegeben als die beiden anderen, damit sie den spirituellen Bedürfnissen ihrer Zeit und den Fähigkeiten der Menschen entsprechen. Auf diese Weise unterstützen die buddhistischen und die nicht-buddhistischen Lehren einander und haben ein vielfaches Gutes bewirkt. Sie alle dienen dazu, Tausende von guten Handlungen zu befördern, indem sie die gesamte Kette der Verursachung erklären. Sie dienen auch dazu, die Fülle der Erscheinungen zu untersuchen, sowie Licht auf

---

Substanz ist nicht exakt „Gas" [d.h. Luft, Dampf], aber wir können sie uns als etwas Nebelartiges vorstellen.

[19] Nicht alle Buddhisten, aber manche von ihnen, sind hier gemeint – nämlich die Anhänger des Hinayana und der *dharma-laksana*-Lehren *[Hôssô-kyô]*.

[20] Gemäß den Anhängern des Hinayana stellt Karma (Handeln) den moralischen Keim dar, welcher den Tod überdauert und in der Seelenwanderung (*transmigration*) weitergeführt wird. Man kann es sich als eine Art von Energie vorstellen, durch deren Einfluss die Wesen der Wiedergeburt (*metempsychosis*) unterliegen.

[21] Gemäß der Hôssô-Sekte ist *alaya-vijnana* („Speicher-Bewusstsein") die geistige Substanz, welche die Samen oder Potentiale alles Seins bewahrt.

den Anfang und das Ende ihrer Entwicklung zu werfen. Obwohl alle diese Lehren den Zwecken der Weisen entsprechen, gibt es unter ihnen doch solche von vorläufiger Dauer und solche von beständiger Gültigkeit.[22] Die ersten beiden Anschauungen [Konfuzianismus und Taoismus] sind nur vorläufige Lehren, während der Buddhismus vorläufige und unvergängliche Lehren beinhaltet. Wir können uns entsprechend den Vorschriften dieser drei Anschauungen verhalten, welche den Frieden und das Wohlergehen der Menschen zum Ziel haben, insofern sie eine Vielzahl tugendhafter Handlungen befördern, vor dem Unheilsamen warnen und das Heilsame empfehlen. Aber nur der Buddhismus ist gänzlich vollkommen und die beste aller Anschauungen, da er die Fülle der Erscheinungen bis zu ihrer ersten Ursache zurückverfolgt, um sich so ein gründliches Verständnis der Natur der Dinge zu erwerben und die endgültige Wahrheit zu erlangen.

Alle unsere zeitgenössischen Gelehrten gehören jedoch einer der drei oben genannten Schulrichtungen an. Und selbst unter Buddhisten gibt es manche, welche die vorläufige Lehre mit der endgültigen Lehre verwechseln. Als Folge davon gelingt es ihnen niemals, Himmel, Erde und Mensch sowie alle anderen Phänomene zu ihrer ersten Ursache zurückzuverfolgen. Ich werde nun jedoch zeigen, wie auf eine endgültige Ursache für alle Phänomene geschlossen werden kann – nicht nur aus buddhistischer Sicht, sondern aus Sicht aller Lehren. Als erstes werde ich die oberflächlichen Lehren erklären, dann die tiefgründigen, um so die Anhänger der vorläufigen Lehren von jenen Vorurteilen zu befreien, welche sich als Hindernisse auf dem Weg zur Wahrheit erweisen, und es ihnen ermöglichen, die Ultimative Wirklichkeit zu erfassen. Danach mache ich darauf

---

[22] Die vorläufigen Lehren sind die von Shakyamuni für die aktuellen Bedürfnisse seiner Hörer verkündeten Lehren. Dieser Begriff wird stets im Gegensatz zur wahren oder unvergänglichen Lehre gebraucht.

aufmerksam, wie gemäß der endgültigen Lehre die Phänomene sich Stufe für Stufe aus der ersten Ursache entwickelt haben, um so die unvollständigen Lehren zu einer vollständigen Lehre zu verschmelzen und ihren Anhängern zu ermöglichen, das phänomenale Universum zu erklären.[23]

Diese Abhandlung trägt den Titel „Ursprung des Menschen" und besteht aus vier Kapiteln: (1) Widerlegung trügerischer und voreingenommener Lehren; (2) Widerlegung unvollständiger und oberflächlicher Lehren; (3) direkte Erklärung des Wahren Ursprungs; (4) Versöhnung der vorläufigen mit den endgültigen Lehren.

---

[23] [Fußnote T.M.] „Das heißt Himmel, Erde, Mensch und alle anderen Phänomene."

## Kapitel 1

*Widerlegung der trügerischen und voreingenommenen Lehren*[24]

Gemäß dem Konfuzianismus[25] und Taoismus sind alle Arten von Lebewesen, Menschen wie Tiere, von dem sogenannten „Großen Pfad der Leere" [虛無大道][26] (*Great Path of Emptiness*) gezeugt und hervorgebracht. Das heißt, der Pfad hat durch die Wirkung seiner eigenen Gesetzmäßigkeit auf natürliche Weise das uranfängliche *qi* (*primordial gas*) [*yuanqi*, 元気] erzeugt, dieses uranfängliche *qi* hat Himmel und Erde geschaffen und diese wiederum die zehntausend Dinge.

Auf diese Weise sind die Weisen wie die Einfältigen, die Hochgestellten wie die Niederen, die Reichen wie die Armen, die Glücklichen wie die Unglücklichen zu ihrem Dasein durch das himmlische Gebot bestimmt und unterliegen der Gnade der Zeit und der Vorsehung. Darum kehren sie nach dem Tod zu Himmel und Erde zurück, und von dort wiederum zum Pfad der Leere.

Die hauptsächliche Absicht dieser beiden äußeren, exoterischen Lehren (外教) besteht darin, moralisches Verhalten hinsichtlich des Körpers zu etablieren, aber nicht das Leben auf seine erste Ursache zurückzuführen.[27] Sie berichten nichts über

---

[24] [Fußnote T.M.] „Das heißt des Konfuzianismus und Taoismus."

[25] Die Konfuzianer sind nicht exakt der gleichen Meinung, was die Schöpfung betrifft, wie die Taoisten. Der hier erwähnte Große Pfad bezieht sich speziell auf den Taoismus.

[26] Der Große Pfad der Leere, *Hü Wu Ta Tao*, ist der Fachbegriff der taoistischen Konzeption des Absoluten. Es ist ein vor der Schaffung des phänomenalen Universums in einem unentwickelten Zustand existierendes Etwas. Nach dem *Daodejing* ist es „selbst-existierend, unwandelbar, alles-durchdringend und die Mutter aller Dinge. Es ist unfassbar, wird aber manchmal der Pfad oder das Große genannt." Es wird auch die Leere genannt, da es völlig frei von relativen Aktivitäten ist.

[27] Der Konfuzianismus behandelt hauptsächlich ethische Probleme, der Taoismus ist auch für seine metaphysischen Spekulationen bekannt.

das phänomenale Universum als die Nennung der zehntausend Dinge. Obwohl sie den Großen Pfad als Ursprung bezeichnen, treffen sie keine Aussage darüber, was die direkte und was die indirekte Ursache des phänomenalen Universums ist: wie es geschaffen wurde und wie es zerstört werden wird, wie es zum Leben kam und wohin es sich entwickelt, was gut und was böse ist. Die Anhänger dieser beiden Lehren halten sie für vollkommen, ohne zu wissen, dass es nur vorläufige Anschauungen sind.

Nun werde ich kurz ein paar Fragen stellen, um auf die Schwächen dieser Lehren hinzuweisen. Wenn, wie sie sagen, alles im Universum aus dem Großen Pfad der Leere hervorgegangen ist, dann sollte der Große Pfad selbst die Ursache nicht nur der Weisheit, sondern auch der Torheit sein, nicht nur des Lebens, sondern auch des Todes. Er sollte die Quelle des Wohlstands ebenso so sein wie die des Unglücks. Wenn dieser Ursprung, wie angenommen, bis in alle Ewigkeit existiert, dürfte es weder möglich sein, Dummheit, Übeltäter, Unglück und Kriege aufzuheben, noch Weisheit, Gutes, Glück und Wohlstand zu verbreiten. Von welchem Nutzen wären dann die Lehren eines Laozi und Zhuangzi?[28] Der Pfad hätte zudem Tiger und Wolf aufgezogen, Kieh[29] und Cheu[30] geboren, den frühzeitigen Tod von Yen[31] und Jan[32] verursacht, und I[33] und Tsi[34] in

---

[28] Einer der größten taoistischen Philosophen und Autor des nach ihm benannten Buches. Blütezeit zwischen 339 und 327 v.Chr.

[29] Der letzte Kaiser der Xia-Dynastie, berüchtigt für seine Laster. Seine Herrschaft dauerte von 1818-1767 v.Chr.

[30] Der letzte Kaiser der Yin-Dynastie, einer der schlimmsten Despoten. Seine Herrschaft dauerte von 1154-1122 v.Chr.

[31] Yen Hwui (Gan-kai, 541-483 v.Chr.), ein sehr geliebter Schüler des Konfuzius, bekannt als Weiser und tugendhafter Gelehrter.

[32] Jan Poh Niu (Zen-pak-giu, 521-? v.Chr.), ein bekannter Schüler des Konfuzius, berühmt für seine Tugendhaftigkeit.

[33] Poh I (Haku-i), der ältere Bruder von Tsi, der sich durch seinen Glauben und seine Weisheit beim Niedergang der Yin-Dynastie auszeichnete.

ihre höchst bedauernswerten Positionen gebracht. Wie könnte ein solcher Pfad nobel genannt werden?

Wiederum: Wenn alle Dinge, so wie sie sagen, ohne direkte oder indirekte Ursachen in Erscheinung treten, sollten sie überall in Erscheinung treten, wo es keine direkten oder indirekten Ursachen gibt. Zum Beispiel könnte dann ein Stein Gras hervorbringen, während Gras Menschen erzeugt, Menschen würden Tiere zeugen usw. Ergänzend dazu würden sie alle zur gleichen Zeit in Erscheinung treten, ohne dass einige früher und einige später geschaffen wären. Friede und Wohlstand könnten ohne Hilfe der Weisen und des Guten gesichert werden. Menschlichkeit und Rechtschaffenheit könnten ohne Unterweisung und Studium erworben werden. Man könnte sogar ein unsterblicher Genius werden, ohne wundersame Mittel einnehmen zu müssen.[35] Warum haben dann Laozi, Zhuangzi, Cheu Kung[36] und Konfuzius die nutzlose Aufgabe unternommen, ihre Lehren zu begründen und den Menschen ihre Vorschriften zu übergeben?

Wiederum: Wenn alle Dinge, so wie sie sagen, aus dem uranfänglichen *qi* entstanden sind (welches weder Empfinden noch Willen hat), wie könnte dann ein Säugling, gerade aus dem *qi* geboren, der nie gelernt hat, zu denken, zu lieben, zu hassen, unartig oder gehorsam zu sein, anfangen zu denken und zu fühlen? Wenn sie antworten, dass der Säugling, sobald er geboren ist, ganz natürlich lieben und hassen kann etc., ganz so wie er es wünscht, könnte er dann nicht genauso gut die fünf Tugenden[37]

---

[34] Shuh Tsi (Shiku Sei), der Bruder von Poh I, mit dem er dasselbe Schicksal teilte.

[35] Einige degenerierte Taoisten behaupteten, dass sie ein wundersames Elixier herstellen könnten, durch dessen Einnahme man unsterblich würde.

[36] Cheu Kung (Shû-kô), ein sehr angesehener Staatsmann und Gelehrter, Begründer der Cheu-Dynastie [Zhou-Dynastie].

[37] (1) Menschlichkeit, (2) Rechtschaffenheit, (3) Betragen, (4) Weisheit, (5) Glaubwürdigkeit.

und sechs Errungenschaften[38] annehmen, ganz nach seinem Willen? Warum wartet er auf gewisse direkte und indirekte Ursachen, um Wissen durch Studium und Unterweisung zu erlangen?

Wiederum könnten sie sagen, dass das Leben plötzlich entstanden ist, geformt durch das *qi*, und mit dem Tod plötzlich zu nichts wird und sich das *qi* zerstreut. Was aber sind dann die Geister der Toten, an die sie glauben? Zudem gibt es in der Geschichte einige Fälle von Personen, welche ihre vorherigen Existenzen schauen konnten,[39] oder von Personen, welche sich an Ereignisse ihrer früheren Leben erinnern.[40] Daher wissen wir, dass die Gegenwart die Fortsetzung des vergangenen Lebens ist, und dass es nicht unvermittelt durch das *qi* entstanden ist. Weiterhin gibt es einige historische Tatsachen,[41] welche belegen, dass die übernatürlichen Kräfte der Geister nicht verloren gehen. Daher wissen wir, dass das Leben nicht plötzlich zu nichts wird im Tod, wenn sich das *qi* zerstreut. Und darum werden Angelegenheiten wie Opfergaben, rituelle Handlungen und Gebete an die Geister in den heiligen Schriften behandelt.[42] Aber mehr noch! Gibt es nicht Fälle, damals wie heute, von

---

[38] (1) Lesen, (2) Rechnen, (3) Etikette, (4) Bogenschießen, (5) Reiten, (6) Musik.

[39] Laut Tsin Shu soll ein Mann namens Pao Tsing seinen Eltern im Alter von fünf Jahren mitgeteilt haben, dass er im vorherigen Leben ein Sohn von einem gewissen Li war, einem Bewohner von Küh Yang, und dass er in einen Brunnen gefallen und gestorben war. Daraufhin machten sich die Eltern auf die Suche nach diesem Li und fanden zu ihrem Erstaunen heraus, dass die Aussagen des Jungen mit den tatsächlichen Umständen übereinstimmten.

[40] Yan Hu, geboren in Tsin Cheu, erinnerte sich im Alter von fünf Jahren daran, der Sohn eines nahen Nachbarn gewesen zu sein, und dass er seinen Ring unter einem Maulbeerbaum nahe dem Zaun des Hauses versteckt hatte. Er ging mit seinem Kindermädchen dorthin und fand den Ring zum Erstaunen der ganzen Familie.

[41] Alle Heiligen und Weisen des alten China glaubten an Geister und stimmten sie mit Opfern versöhnlich.

[42] Die heiligen Schriften des Konfuzianismus, das *Shu King* [Buch der Dokumente] und das *Li Ki* [Buch der Riten].

Menschen, welche nach dem Tod wieder ins Leben zurückkehrten und von den Angelegenheiten der unbekannten Welt berichteten, oder welche die Herzen ihrer Frauen und Kinder noch über den Tod hinaus bewegten,[43] Rache an ihren Feinden nahmen[44] oder ihren Freunden die guten Taten vergolten haben?[45] Die außenstehenden [nicht-buddhistischen] Gelehrten mögen in der Art des Widerspruchs fragen, ob denn nicht die Geister der Vergangenheit die Straßen übervölkern, wenn man nach dem Tod als Geist weiterlebt; und wenn diese Geister von Menschen gesehen werden können, warum gibt es dann keine Augenzeugen? Ich antworte darauf, dass es sechs Welten für die Toten gibt[46] und diese daher nicht unbedingt in der Welt der Geister weiterleben. Selbst als Geister müssen sie sterben und unter Menschen oder anderen Wesen wiedergeboren werden. Wie könnten die Geister der Vergangenheit für immer auf einem Haufen zusammenleben? Mehr noch: Wenn der Mensch aus dem uranfänglichen *qi* hervorgeht, aus dem auch Himmel und Erde entstanden sind, welche von Anfang an ohne Bewusstsein sind, wie könnte dann der Mensch sofort nach seiner Geburt über Bewusstsein verfügen? Warum sind Bäume und Pflanzen, welche ja auch aus demselben *qi* hervorgegangen sind, ohne Bewusstsein? Und weiter: Wenn, wie sie sagen, die Reichen wie die Armen, die Hohen wie die Niedrigen, die Einsichtigen wie die Unvernünftigen, die Glücklichen wie die Unglücklichen

---

[43] Pang Shang, der Prinz von Tsi, soll nach seinem Tod wiedererschienen sein.
[44] Poh Yiu der Ching soll ein Krankheit verbreitender Geist geworden sein, um sich an seinen Feinden zu rächen.
[45] Gemäß dem Tso Chwen (*Saden*) erschien Wei Wu, einem General der Tsin, als er mit Tu Hwui kämpfte, der tote Vater seiner Konkubine und verhinderte den Vormarsch der Feinde, um so seine erhaltene Gunst zurückzuerweisen.
[46] (1) Der Himmel oder die Welt der *deva*; (2) die Erde oder die Welt der Menschen; (3) die Welt der *asura;* (4) die Welt der *preta;* (5) die Welt der Tiere; (6) die Höllen.

gleichermaßen zu ihrem Dasein vom himmlischen Entscheid vorherbestimmt sind, warum sind dann so viele vom Himmel dazu bestimmt, arm zu sein, und nur so wenige dazu, in Wohlstand zu leben? Warum sind so viele zur niedrigen Stellung bestimmt, und so wenige zu hohem Stand? Kurz gesagt: Warum sind so viele zum Unglücklichsein bestimmt, und nur so wenige zum Glücklichsein?

Wenn es der Wille des Himmels ist, nur eine so kleine Zahl von Personen zu segnen, und so viele zu verdammen: Warum ist der Himmel dann so parteiisch? Und mehr noch! Gibt es nicht viele, welche eine hohe Stellung innehaben ohne irgendein verdienstvolles Handeln, während andere sich in einer niederen Stellung befinden, obwohl sie sich den Regeln gemäß verhalten? Gibt es nicht viele, die ohne irgendwelche Tugenden reich sind, während andere ungeachtet ihrer Tugenden arm sind? Gibt es nicht die Ungerechten, die glücklich sind, während die Gerechten unglücklich sind? Gibt es nicht die Menschlichen, welche jung sterben, während die Unmenschlichen sich eines langen Lebens erfreuen? Kurzum, die Rechtschaffenen sind zum Untergang verdammt, während die Ungerechten gedeihen. Wie kann es Belohnung für die Guten geben (wie es in ihren heiligen Büchern gelehrt wird),[47] in dem Sinne, dass der Himmel die Guten segnet und den Demütigen seine Gnade erweist? Wie kann es Strafe für die Bösen geben (wie es in ihren heiligen Büchern gelehrt wird),[48] in dem Sinne, dass der Himmel die Bösen verflucht und die Stolzen maßregelt?

Weiter: Wenn selbst alle solchen Übel wie Kriege, Verrat und Rebellion auf dem Willen des Himmels beruhen, hätten dann nicht die Weisen und Heiligen Unrecht in ihren Belehrungen, wenn sie die Menschen tadeln und schelten, aber nicht den Himmel oder den himmlischen Willen? Selbst wenn daher das

---

[47] *Shu King* und *I King*.
[48] *Shu King* und *I King*.

*Shijing*[49] voll von Vorwürfen gegenüber ungerechten Regierungen ist und das *Shujing*[50] voll ist von Lobliedern auf die Herrschaft weiser Monarchen – selbst wenn Schicklichkeit[51] als ein höchst effektives Mittel empfohlen wird, um Frieden zwischen den Regierenden und den Regierten zu bewirken, während Musik[52] als ein Mittel empfohlen wird, um die Sitten und das Verhalten der Menschen zu verbessern – können sie trotzdem kaum von sich behaupten, den Willen des Höchsten oder die Wünsche des Schöpfers zu verwirklichen. Daher muss man eingestehen, dass diejenigen, welche sich dem Studium dieser Lehren widmen, nicht dazu in der Lage sind, den Menschen bis zu seinen Ursprüngen zurückzuverfolgen.

---

[49] *Shi King*, eine berühmte Sammlung von Liedern und Gedichten.
[50] *Shu King*, die Aufzeichnungen der Regierungen von den Weisen der Vorzeit.
[51] *Li Ki*, das Buch bezüglich Anstand und Etikette.
[52] Es heißt, dass im *Hiao King* [*Xiaojing*, der „Klassiker der kindlichen Pietät"] die Musik als bestes Mittel zur Verbesserung der Sitten und des Betragens empfohlen wird.

Kapitel 2

*Widerlegung der unvollständigen und oberflächlichen Lehren*[53]

Kurz gesagt gibt es innerhalb der buddhistischen Lehren die fünf Grade der Entwicklung, beginnend mit den oberflächlichsten Lehren und endend mit den tiefgründigsten. Es handelt sich um die folgenden: (1) Die Lehre für Menschen und Götter (*deva*); (2) die Lehre des Hinayana; (3) die Mahayana-Lehre der „Merkmale des Seins" (*dharma-laksana*); (4) die Mahayana-Lehre der Leerheit (*sunyata*) [*nihilism*];[54] (5) die Lehre des „Einen Fahrzeugs" (*ekayana*), welches die Ultimative Wirklichkeit lehrt.[55]

*2.1 Die Lehre für Menschen und Götter*

Um die vorläufigen spirituellen Bedürfnisse der unverständigen Wesen aufzugreifen, hat der Buddha eine Lehre bezüglich guten und schlechten Handelns als Ursache und der Vergeltung dieses Handelns als Wirken innerhalb der drei Existenzen (Vergangenheit, Gegenwart und Zukunft) gelehrt. Das heißt, einer, der eine der zehn Übeltaten begeht,[56] wird nach dem Tod in der Hölle wiedergeboren, wenn es Übeltaten von höchstem Ausmaß sind;[57] unter hungrigen Geistern (*preta*), wenn sie von mittlerem

---

[53] [Fußnote T.M.] „Die vom Buddha gelehrten, unvollständigen Lehren."
[54] [Fußnote T.M.] „Die ersten vier Lehren werden in diesem Kapitel behandelt."
[55] [Fußnote T.M.] „Diese wird im dritten Kapitel behandelt."
[56] (1) Töten, (2) Stehlen, (3) Ehebruch, (4) Lügen, (5) Übertreibung, (6) Missbrauch [von Alkohol bzw. Rauschmitteln], (7) doppeldeutige Rede, (8) Begehren, (9) Übelwollen, (10) Unglaube.
[57] Es gibt drei Grade von jedem Vergehen. Zum Beispiel ist das Töten eines Buddha, eines Heiligen, eines Elternteils oder dergleichen in höchstem Grad ein Übel des Tötens; das Töten eines Gleichen ist von mittlerem Grad; und Tiere zu töten ist von niedrigstem Grad. Wiederum gilt: Mit Freude zu töten

Grade sind; und unter Tieren, wenn es sich um am wenigsten schlimme Übeltaten handelt. Darum hat der Buddha als vorläufiges Mittel diese Unverständigen dazu angehalten, die fünf Vorschriften in Entsprechung zu den fünf Tugenden der äußeren [konfuzianischen] Lehre einzuhalten,[58] um es ihnen so zu ermöglichen, den schlimmsten Zuständen der Existenz (Hölle, Hungergeister, Tiere) zu entgehen und unter Menschen wiedergeboren zu werden. Er lehrte auch, dass diejenigen, welche die zehn Tugenden[59] auf die höchste Weise kultivieren,[60] Almosen geben, die Vorschriften einhalten und so weiter in den sechs himmlischen Reichen der Sinnenwelt (*kama-loka*) wiedergeboren werden,[61] während diejenigen, welche die vier Versenkun-

---

ist am schlimmsten, nach dem Töten es zu bereuen ist von mittlerem Grad; versehentlich zu Töten ist am wenigsten schlimm.

[58] Die fünf Kardinaltugenden des Konfuzianismus sind den fünf Hauptvorschriften des Buddhismus sehr ähnlich, wie diese Gegenüberstellung zeigt. 1. Menschlichkeit – Nicht töten. 2. Rechtschaffenheit – Nicht stehlen. 3. Sittlichkeit – Kein Ehebruch. 4. Weisheit – Keinen Alkohol trinken. 5. Aufrichtigkeit – Nicht lügen.

[59] (1) Nicht töten, (2) nicht stehlen, (3) nicht die Ehe brechen, (4) nicht lügen, (5) nicht übertreiben, (6) kein Alkoholmissbrauch, (7) nicht doppeldeutig reden, (8) nicht neiden, (9) nicht übelwollen, (10) nicht ungläubig sein.

[60] [Fußnote T.M.] „Die buddhistischen Vorschriften unterscheiden sich von den konfuzianischen Lehren bezüglich ihrer Ausdrücke, stimmen aber hinsichtlich ihrer Warnung vor dem Übel überein und ermutigen zum Guten. Das moralische Verhalten der Buddhisten kann durch die Kultivierung der fünf Tugenden von Menschlichkeit, Rechtschaffenheit usw. gesichert werden – egal ob die Menschen in diesem Land [China] ihre zusammengelegten Hände in andächtiger Verehrung erheben oder die Anhänger in Tibet ihre Hände an den Seiten hängen lassen. Nicht-Stehlen ist Rechtschaffenheit. Nicht-Ehebrechen bedeutet Sittlichkeit. Nicht-Lügen ist Aufrichtigkeit. Keinen Alkohol trinken oder kein Fleisch essen bedeutet, Weisheit zu vermehren, den Geist rein zu halten."

[61] *Kama-loka*, die Welt der Begierde, ist die erste der drei Welten. Sie besteht aus der Erde und den sechs himmlischen Welten, von denen alle Bewohner den sinnlichen Begierden ausgesetzt sind. [Für eine ausführliche Darstellung der buddhistischen Kosmologie siehe die ebenfalls im Angkor Verlag erschienene Übersetzung des Werkes von Montgomery McGovern, *Buddhistische Philosophie und Kosmologie*.]

gen (*dhyana*)[62] und die acht Vertiefungen (*samadhi*)[63] praktizieren, in der himmlischen Welt der Feinkörperlichkeit (*rupa-loka*) (1) und der Unkörperlichkeit (*arupa-loka*) wiedergeboren werden. Aus diesem Grund wird diese Lehre die Lehre für Menschen und Götter genannt. Gemäß dieser Lehre ist Karma der Ursprung des Lebens.[64]

Nun möchte ich einige Fragen in Form von Einwänden erheben. Angenommen, jemand wird in den fünf Zuständen des Daseins[65] wiedergeboren, als Folge des in früheren Leben erzeugten Karmas, ist es dann nicht zweifelhaft, wer der Urheber des Karma ist und wer der Empfänger seiner Konsequenzen? Wenn man sagen kann, dass Augen, Ohren, Hände und Füße Karma erzeugen, dann sind doch die Augen, Ohren, Hände und Füße einer eben verstorbenen Person noch genauso wie im Moment zuvor. Aber warum sehen und hören sie nicht mehr und erzeugen damit auch nicht mehr Karma?

Wenn gesagt wird, dass der Geist das Karma erschafft, was ist dann aber der Geist? Wenn damit das Herz gemeint ist, so handelt es sich dabei um ein physisches Objekt mit Sitz im Körper.

---

[62] Die Buddhisten lehrten die vier *dhyana* bzw. vier verschiedenen Grade abstrakter Versenkung, durch welche der Geist sich von allen subjektiven und objektiven Fesseln befreien kann, bis er einen Zustand völliger Freiheit von nicht-gerichteten Gedanken erreicht. Die Adepten der vier *dhyana* werden in den vier Bereichen der Feinkörperlichen Ebene entsprechend ihrer geistigen Verfassung wiedergeboren.

[63] Das sind die oben genannten vier Grade der Versenkung, und vier weitere, noch tiefere Grade. Die Adepten der letzteren werden in den vier Ebenen der Unkörperlichen Sphäre gemäß dem Zustand ihrer Abstraktion wiedergeboren.

[64] [Fußnote T.M.] „Es gibt jedoch drei Arten von Karma: (1) unheilsames Karma, (2) heilsames Karma, (3) neutrales bzw. unwirksames Karma (*immovable*). Es gibt drei Zeiten für das Wirksamwerden von Karma: (1) in diesem Leben, (2) im nächsten Leben, (3) in späteren Leben."

[65] Der Zustand (1) himmlischer Wesen, (2) Menschen, (3) Höllenwesen, (4) Hungergeister, (5) Tiere. [Häufig wird als sechster Daseinsbereich der Bereich der *asura* bzw. Halbgötter angeführt, wie im „Rad der Wiedergeburten" bzw. *samsara-cakra* auch abgebildet.]

Wie kann es schnell in Augen und Ohren gelangen und das Angenehme und Unangenehme in den äußeren Objekten erkennen? Wenn es aber keine Unterscheidung zwischen den erfreulichen und den nicht-erfreulichen Objekten gibt, warum akzeptiert es dann die einen und weist die anderen zurück?

Hinzu kommt: Das Herz ist ebenso materiell und undurchdringlich wie die Augen, Ohren, Hände und Füße. Wie kann dann aber das Herz im Körper frei herumwandern zu den Organen, welche ohne es nicht wahrnehmen könnten? Wie kann dieses eine die anderen in Bewegung versetzen oder mit ihnen kommunizieren, um mit ihnen bei der Schaffung des Karma zusammenzuwirken?

Wenn es heißt, dass nur solche Leidenschaften wie Freude, Ärger, Liebe oder Hass durch den Körper und den Mund wirken und es ihnen ermöglichen, Karma zu erzeugen, dann erwidere ich, dass diese Leidenschaften – Freude, Ärger und die übrigen – ebenfalls vergänglich sind und in einem Moment entstehen und vergehen. Sie haben keine Substanz hinter ihren Erscheinungen. Was aber ist dann der eigentlich Handelnde, der das Karma erzeugt?

Es könnte gesagt werden, dass wir nicht nach dem Urheber des Karma suchen sollten, indem wir Geist und Körper als getrennt voneinander verstehen (wie wir es eben getan haben), weil Geist und Körper als eine Einheit gemeinsam Karma schaffen. Aber wer würde dann die Vergeltung in Form von Schmerz oder Freude nach der Zerstörung des Körpers durch den Tod empfangen?

Wenn angenommen wird, dass nach dem Tod ein anderer Körper ins Dasein tritt, dann würden Körper und Geist des gegenwärtigen Daseins, indem sie Sünden begehen und Tugenden kultivieren, einen anderen Körper und Geist in der Zukunft bedingen, welcher die entsprechenden Schmerzen erleidet oder Freuden genießt. Demnach wären diejenigen, welche Tugenden kultivieren, extrem unglücklich, während diejenigen, welche Übeltaten begehen, sehr glücklich wären. [Weil sie die Vergeltung nicht in diesem Leben erfahren.] Wie könnte das göttliche Gesetz der Verursachung so unvernünftig sein? Daher müssen wir zugeben, dass diejenigen, welche nur diesen Lehren folgen, weit von einem gründlichen Verständnis vom Ursprung des Lebens entfernt sind, obwohl sie an die Lehre des Karma glauben.

(1)
*Rupa-loka*, die Welt der [Feinkörperlichen] Formen, ist die zweite der drei Welten. Sie besteht aus achtzehn Himmeln, welche in vier Regionen eingeteilt sind. Die erste *dhyana*-Region beinhaltet die ersten drei der achtzehn Himmel, die zweite *dhyana*-Region die nächsten drei, die dritte *dhyana*-Region die folgenden drei, und die vierte *dhyana*-Region die verbleibenden neun.

*Arupa-loka*, die Welt der Formfreiheit [oder Unkörperlichkeit], ist die dritte der drei Welten. Sie besteht aus vier Himmeln. Der erste wird „Himmel des grenzenlosen Raums" genannt, der zweite „Himmel des grenzenlosen Bewusstseins", der dritte „Himmel der völligen Nicht-Existenz von Irgendetwas", der vierte „Himmel des Weder-Wahrnehmens-noch-Nicht-Wahrnehmens".

[Anmerkung T.M.] „Keiner der Himmel, keine der Höllen oder Geisterwelten wird im Titel dieses Buches erwähnt, denn diese Welten sind gänzlich verschieden von der unseren, und völlig jenseits unserer Seh- oder Hörweite. Gewöhnliche Menschen erkennen nicht einmal die sich direkt vor ihnen befindenden Phänomene, wie könnten sie da das Unsichtbare verstehen? So habe ich das Buch einfach „Ursprung des Menschen" genannt, in Übereinstimmung mit den weltlichen Lehren. Jetzt, wo ich die buddhistischen Welten behandle, ist es geboten, diese in ihrer Ganzheit aufzuzählen."

## 2.2 Die Lehre des Hinayana

Diese Lehre sagt, dass der Körper, welcher aus Materie gebildet ist, und der Geist, welcher denkt und reflektiert, von Ewigkeit zu Ewigkeit kontinuierlich fortbestehen, zerstört und wieder geschaffen durch direkte oder indirekte Ursachen, so wie das Wasser eines Flusses kontinuierlich strömt oder die Flamme einer Lampe kontinuierlich brennt. Geist und Körper vereinen sich vorübergehend und erscheinen als unwandelbare Einheit. Die gewöhnlichen Menschen, die all dies nicht wissen, haften an dieser Kombination als Vorstellung eines *atman* an.[66]

Zum Wohle dieses *atman*, welchen sie für die kostbarste Angelegenheit in der ganzen Welt halten, unterliegen sie den drei Giften Gier,[67] Hass[68] und Unwissenheit,[69] welche ihrerseits den Willen antreiben und alle Arten von Karma durch Rede und Handeln hervorbringen. Wenn so einmal Karma erzeugt wurde, kann niemand mehr seiner Wirkung entgehen. Als Folge davon werden alle in den fünf Ebenen der Existenz wiedergeboren[70] und erleiden dort Schmerz oder genießen Freude; manche sind in höheren Bereichen geboren und andere in niederen Ebenen der drei Welten.[71]

Wenn sie dann in der Zukunft wiedergeboren werden, haften sie erneut an Körper und Geist als *atman* und unterliegen erneut dem Begehren und den anderen beiden Leidenschaften. Sie erzeugen erneut Karma und müssen seine unausweichlichen

---

[66] *Atman* bedeutet Ego oder Selbst, die Grundlage der Individualität.

[67] [Fußnote T.M.] „Die Leidenschaft welche Ruhm erstrebt und versucht, einem Wohlstand zu beschaffen."

[68] [Fußnote T.M.] „Die Leidenschaft gegen unangenehme Dinge, aufgrund von Angst durch Verletzungen für das Selbst."

[69] [Fußnote T.M.] „Falsche Gedanken und Trugschlüsse."

[70] [Fußnote T.M.] „Die Wesen werden aufgrund ihres individuellen Karmas [in den jeweiligen Existenzbereichen] geboren."

[71] [Fußnote T.M.] „Die Welten werden durch das gemeinsame Karma aller Bewohner geschaffen, welche auf bzw. in ihnen leben."

Konsequenzen ertragen. So erfährt der Körper Geburt, Alter, Krankheit und Tod und wird nach dem Tod wiedergeboren, während die Welt die Stadien der Formung, des Bestandes, der Zerstörung und des Nicht-Seins (*emptiness*) durchläuft und nach dem Nicht-Sein erneut geformt wird. Kalpa für Kalpa verstreicht (1), Leben für Leben kommt und geht, und der Kreislauf der kontinuierlichen Wiedergeburt kennt keinen Anfang und kein Ende und gleicht der Winde, mittels derer Wasser aus dem Brunnen gehievt wird.[72]

All dies ereignet sich als Folge von Unwissenheit darüber, dass keine körperliche Existenz aufgrund ihrer eigentlichen Beschaffenheit so etwas wie *atman* sein kann. Der Grund dafür, dass sie kein *atman* darstellt, ist der, dass ihre Entstehung eine Folge der Vereinigung von Geist und Materie ist. Untersuchen und analysieren wir nun Geist und Materie. Materie besteht aus den vier Elementen, d.i. Erde, Wasser, Feuer und Luft/Wind, während Geist aus den vier Aggregaten (*skandha*) Eindruck (*perception*),[73] Vorstellung (*consciousness*),[74] Gestaltung (*conception*)[75] und Bewusstsein (*knowledge*)[76] besteht.

---

[72] [Fußnote T.M.] „Die Taoisten wissen lediglich, dass es ein Kalpa des Nicht-Seins vor der Bildung des gegenwärtigen Universums gab, verweisen auf die Leere, das Chaos, das uranfängliche *qi* und dergleichen und bezeichnen es als das Erste oder Anfangslose. Sie wissen jedoch nicht, dass das Universum bereits eine Unzahl von Zyklen der Schaffung, Existenz, Zerstörung und des Nicht-Seins durchgemacht hat. Daher sind selbst die oberflächlichsten Lehren des Hinayana den tiefgründigsten externen Lehren weit überlegen."

[73] [Fußnote T.M] „Es empfängt sowohl angenehme wie unangenehme Eindrücke von außen." Es handelt sich um *vedana*, das zweite der fünf *skandha* bzw. Aggregate. [Die englischen Ausdrücke, die Kaiten Nukariya wählt und die in Klammern angegeben sind, entsprechen nicht der heute gängigen Wiedergabe in Englisch und den entsprechenden deutschen Begrifflichkeiten, welche ich an deren Stelle gewählt habe. Gregory übersetzt *sensation, conceptualization, impulses, consciousness*.]

[74] [Fußnote T.M] „Es erfasst die Formen der äußeren Objekte." Es handelt sich um *samjna*, das dritte der fünf *skandha* bzw. Aggregate.

[75] [Fußnote T.M] „Es agiert, einer Vorstellung nach der anderen folgend." Es handelt sich um *samskara*, das vierte der fünf *skandha* bzw. Aggregate.

Wenn all diese Faktoren als *atman* gelten, dann bestünde jede Person aus acht *atman*. Mehr noch! Es gibt viele verschiedene Faktoren allein im Element der Erde. So gibt es dreihundertsechzig Knochen, alle voneinander verschieden; keiner ist mit einem anderen identisch, und selbiges gilt für die Haut, die Haare, die Muskeln, die Leber, das Herz, die Milz, die Nieren. Weiterhin gibt es eine große Anzahl von geistigen Eigenschaften, die sich voneinander unterscheiden. Sehen unterscheidet sich von Hören. Freude ist nicht dasselbe wie Ärger. Wenn wir sie aufzählen wollten, eine nach der anderen, gäbe es 80.000 Leidenschaften.[77]

Da die Dinge derart zahlreich sind, kann niemand mit Gewissheit sagen, welche davon als *atman* zu gelten haben. Für den Fall, dass alle als *atman* gelten, hätten wir Hunderte und Tausende von *atman*, unter denen so viele Widersprüche und Konflikte bestünden, wie Herren in ein und demselben Haus, d.h. dem Körper, wohnen. Da weder Geist noch Körper getrennt von diesen Dingen bestehen, kann man dort niemals den *atman* finden, selbst wenn man wieder und immer wieder danach sucht.

Infolgedessen versteht nun jeder, dass unser Leben nicht mehr ist als die einstweilige Vereinigung zahlreicher (körperlicher und geistiger) Elemente. Ursprünglich gibt es keinen *atman*, der von anderen verschieden wäre. Für wessen Nutzen sollte man sich dann ärgern oder freuen? Für wessen Nutzen sollte man töten[78] oder Diebstahl begehen, Almosen geben, die Vorschrif-

---

[76] [Fußnote T.M] „Es erkennt." Es handelt sich um *vijnana*, das fünfte der fünf *skandha* bzw. Aggregate.

[77] 80.000 bedeutet hier eine große Anzahl. [Eigentlich 84.000, so auch im chinesischen Text. Traditionell heißt es, dass zur Aufhebung dieser 84.000 Befleckungen vom Buddha 84.000 Lehren verkündet worden sind.]

[78] [Fußnote T.M] „Er versteht die Wahrheit vom Leiden." Die Wahrheit vom Leiden, *dukha*, ist die erste der vier edlen Wahrheiten (*satya*), welche Anhänger des Hinayana zu verstehen trachten. Gemäß der Lehre des Hinayana ist Leiden ein notwendiger Begleiter allen empfindenden Lebens.

ten einhalten? Dies ausführlich bedenkend löst man seinen Geist von den Tugenden und Übeltaten, denen man infolge der Leidenschaften[79] in den drei Welten unterworfen ist, und verweilt nur mehr in der unterscheidenden Einsicht in das Wesen des Nicht-Selbst bzw. *anatman*.[80]

Mittels dieser unterscheidenden Erkenntnis befreit er sich von bloßer Lust sowie den anderen beiden Übeln [Gier und Unwissenheit], macht den verschiedenen Arten [der Entstehung] von Karma ein Ende und verwirklicht das *bhutatathata*[81] des *anatman*. Kurz gesagt erreicht er das Stadium eines Arhat,[82] sein Leib ist nur noch wie tote Asche, sein Denken ist ausgelöscht und er ist völlig frei von Leiden.

---

[79] [Fußnote T.M.] „Er zerstört *samudaya*." Die Wahrheit von *samudaya* oder Anhäufung, die zweite der vier Wahrheiten, besagt, dass Leiden durch Leidenschaften erzeugt und angehäuft wird. Diese Wahrheit soll durch die Beseitigung der Leidenschaften verwirklicht werden.

[80] [Fußnote T.M.] „Dies ist die Wahrheit vom Pfad." Die Wahrheit vom Pfad bzw. *marga* ist die vierte der vier *satya*. Es gibt acht rechte Wege, welche zur Auslöschung der Leidenschaften führen: (1) rechte Sicht (die Wahrheit erkennen); (2) rechtes Denken (oder Reinheit des Willens und der Gedanken); (3) rechte Rede (frei von Geschwätz und Unwahrheiten); (4) rechtes Handeln; (5) rechter Fleiß; (6) rechte Versenkung (*meditation*); (7) rechtes Erinnern (*memory*); (8) rechter Lebenserwerb. [

[81] [Fußnote T.M.] „Dies ist die Wahrheit der Auslöschung." Auslöschung bzw. *nirodha*, die dritte der vier *satya*, bedeutet die Auslöschung der Leidenschaften. *Bhutatathata* des *anatman* meint die Wahrheit der Nicht-Existenz des *atman* bzw. einer Seele und ist Ziel und Endpunkt der Hinayana-Philosophie. [Der Terminus ist freilich vor allem in den Mahayana-Schulen von Bedeutung und nicht in der Hinayana-Philosophie. Vermutlich unterlegt hier T.M. bereits bewusst oder unbewusst seine Sichtweise der Lehre des Hinayana.]

[82] Arhat, der „Töter der Diebe" (d.h. der Leidenschaften) [im Deutschen auch als „Feind-Zerstörer" wiedergegeben], meint erstens einen Menschen, der seine Leidenschaften bezwungen hat. Es meint zweitens einen Menschen, der von einer weiteren Geburt oder Wiedergeburten ausgenommen ist. Drittens meint es einen Menschen, der Verehrung verdient. Der Arhat ist der höchste Heilige, der Nirwana durch Zerstörung aller Leidenschaften erreicht hat.

Gemäß der Lehre dieser Schulrichtung sind die beiden Gruppen des Körperlichen und Geistigen, zusammen mit Gier, Hass und Unwissenheit, der Ursprung des Menschen und der Ursprung der Welt, in der wir leben. Es existiert nichts anderes, weder in der Vergangenheit noch in der Zukunft, was als Ursprung gelten könnte.

Nun einige Worte des Einspruchs: Dasjenige, was immer als Ursprung des Lebens dasteht, Geburt für Geburt, Generation für Generation, sollte aus sich selbst heraus ohne Ende existieren. Die fünf *vijnana* jedoch beenden ihre Funktionen,[83] wenn die passenden Umstände fehlen, während das *mano-vijnana* zuweilen im Unbewussten verloren geht.[84] Es gibt keines der vier materiellen Elemente in den himmlischen Welten der Unkörperlichen Sphäre. Wie wird das Leben dann dort aufrechterhalten werden, und wie kann es sich von Geburt zu Geburt fortsetzen? Dadurch erkennen wir, dass diejenigen, welche sich dem Studium dieser Lehren verschreiben, ebenfalls nicht den Ursprung des Lebens [bis zum Anfang] zurückverfolgen können.

(1)
Kalpa, ein Weltzyklus, wird nicht in Monaten oder Jahren berechnet. Es ist die Periode, während der ein physisches Universum entsteht, bis zu dem Moment, wenn ein anderes an seine Stelle tritt.

---

[83] [Fußnote T.M.] „Die Bedingungen sind die *indriya* und *visaya* und dergleichen." *Indriya* sind die Sinnesorgane, und *visaya* sind die Objekte, auf die sie reagieren. Die fünf *vijnana* sind (1) das Seh-Bewusstsein, (2) das Hör-Bewusstsein, (3) das Riech-Bewusstsein, (4) das Tast-Bewusstsein, (5) das Berührungs-Bewusstsein.

[84] *Mano-vijnana* ist der Geist selbst und das letzte der sechs *vijnana* in der Hinayana-Lehre. T.M.: „Zum Beispiel in einem Zustand der Trance, im Tiefschlaf, in *nirodha-samapatti* (in dem keine Gedanken existieren), in *asamjnisampatti* (in dem kein Bewusstsein existiert) und in *avrhaloka* (die dreizehnte der Brahma-Welten).

[Anmerkung T.M.] Die folgenden Zeilen beschreiben, wie die Welt erstmals aus dem Nicht-Sein entstanden ist:

„Ein starker Wind begann durch den leeren Raum zu blasen. Seine Länge und Breite waren unendlich. Er war 16 *lakhs* dick und so stark, dass er nicht einmal von einem Diamanten durchschnitten werden konnte. Sein Name war: der Weltunterstützende-Wind. Die goldenen Wolken des Abhasvara-Himmels (der sechste Himmel der achtzehn Himmel der Feinkörperlichen Sphäre) bedeckten alle Himmel der dreitausend Welten. Es regnete heftig, jeder Regentropfen so groß wie die Achsen eines Wagens. Das Wasser befand sich auf dem Wind, durch den das Niederfließen kontrolliert wurde. Es war 11 *lakhs* tief. Die erste Schicht bestand aus Diamant (entstanden aus dem gerinnenden Wasser). Nach und nach fiel der Regen aus der Wolke hinab und füllte die Schicht auf. Als erstes entstanden die Welten der Brahma-Könige, dann die Himmel des Yama (der dritte der sechs Himmel der Sinnessphäre bzw. *kama-loka*). Das reine Wasser stieg an, angetrieben durch den Wind, und Sumeru (der zentrale Berg, die Achse des Universums) und die sieben konzentrischen Gebirgs-Kreise, die vier Kontinente, die Höllen, die Ozeane und die äußere Bergkette entstanden. Dies wird die Entstehung des Universums genannt. Die Zeitdauer einer Entstehung und eines Vergehens endete (das menschliche Leben nimmt an Dauer von 10 Jahren bis zu 84.000 Jahren um ein Jahr alle hundert Jahre zu; dann nimmt die menschliche Lebensdauer wieder von 84.000 Jahren auf 10 Jahre ab, und zwar um jeweils ein Jahr alle hundert Jahre). Kurz gesagt, diejenigen Wesen aus der zweiten Ebene der Feinkörperlichen Sphäre, deren gutes Karma wirkte, kamen auf die Erde herab. Als erstes gab es das Brot der Erde und wilden Wein für sie. Später konnten sie Reis vollständig verdauen und begannen mit Defäkieren und Urinieren. Dann unterschieden sich die Männer von den Frauen. Sie teilten das kultivierbare Land unter sich auf. Anführer wurden gewählt, Gehilfen und Stellvertreter wurden bestimmt; daher die unterschiedlichen Klassen von Menschen. Eine Zeit von neunzehnmal Entstehen und Vergehen verstrich; zusammen mit der oben genannten Periode ergibt das ein zwanzigfaches Entstehen und Vergehen. Dies wird das Kalpa der Formung des Universums genannt."

Diskutieren wir nun diese Stelle. Das Kalpa des Nicht-Seins ist das, was die Taoisten den Pfad des Nicht-Seins nennen. Der Pfad der Wirklichkeit jedoch ist nicht leer, sondern strahlend, transzendent, spirituell und allgegenwärtig. Laozi, durch seine falsche Vorstellung geführt, nannte das Kalpa der Leerheit den Pfad – wenn er es nicht aus dem Grund getan hat, um die weltlichen Begierden zu denunzieren. Der Wind im leeren Raum ist das, was die Taoisten als das unbestimmbare *qi* im Zustand des Chaos bezeichnen. Darum sagte Laozi: „Der Pfad bringt das Eine hervor." Die goldenen Wolken, die ersten physischen Objekte, sind das, was die Konfuzianer das erste Prinzip nennen. Das auf dem Wind befindliche Regenwasser ist das negative Prinzip. Das Positive zusammen mit dem Negativen erzeugt das phänomenale Universum. Die Brahma-raja-Welten, der Berg Sumeru und so weiter sind das, was sie die Himmel nennen. Die schmutzigen Wasser und Ablagerungen sind die Erde. So kann Laozi sagen: „Das Eine erschafft die Zwei." Die Wesen in der zweiten Region der Feinkörperlichen Sphäre, deren gutes Karma seine Wirkungen entfaltet, sind auf die Erde gekommen und als Menschen geboren. Darum sagt Laozi: „Die Zwei erzeugen die Drei." Damit sind die drei Kräfte vollständig. Die von Erd-Brot ernährten und anderen Klassen der Menschen sind das, was die „Erzeugung der zehntausend Dinge durch die Drei" genannt wird. Dies war die Zeit, als die Menschen in Höhlen lebten oder in der Wildnis umherwanderten und den Gebrauch des Feuers noch nicht gelernt hatten. Da dies zur fernen Vergangenheit der Vorgeschichte gehört, noch vor der Herrschaft der drei Urkaiser, sind die Berichte darüber, die auf uns gekommen sind, nicht klar, sondern vage. Viele Fehler haben sich darin Generation für Generation eingeschlichen, und in der Folge stimmt keine Aussage in den verschiedenen Werken der Gelehrten mit denen in anderen Werken überein. Darüber hinaus beschränken sich die buddhistischen Bücher, wenn sie die Bildung der dreitausend Welten beschreiben, nicht auf die Grenzen dieses Gebiets. Daher sind ihre Berichte gänzlich anders als diejenigen der externen Sichtweisen (welche auf China beschränkt sind).

„Existenz" meint das Kalpa der Existenz, welches zwanzig Phasen des Entstehens und Vergehens andauert. „Zerstörung" meint das Kalpa der Vernichtung, welches ebenfalls zwanzig Phasen des Entstehens und Vergehens dauert. Während der ersten neunzehn Phasen werden die lebenden Wesen vernichtet, während in der letzten Phase die Welten in drei Phasen der Not zerstört werden, d.i. (1) die Phase der Vernichtung durch Wasser, (2) die Phase der Vernichtung durch Feuer; und (3) die Phase der Vernichtung durch Wind. „Leerheit" bzw. Nicht-Sein meint das Kalpa der Nicht-Existenz, in dem weder Wesen noch Welt existieren. Dieses Kalpa währt ebenfalls zwanzig Phasen des Entstehens und Vergehens.

## 2.3 Die Mahayana-Lehre der Kennzeichen des Seins (Dharma-laksana)[85]

Diese Lehre besagt, dass alle fühlenden Wesen seit anfangsloser Zeit acht verschiedene Arten des Bewusstseins (*vijnana*) besitzen,[86] und dass das achte, das *alaya-vijnana*,[87] ihr Ursprung ist. Das heißt, das *alaya* zieht die „Samen oder Keime"[88] der Lebewesen und ihrer Welt groß und führt durch deren Transformation zur Entstehung der sieben *vijnana*. Jedes von ihnen verursacht äußere Objekte, auf deren Grundlage es seinerseits Form annimmt und erscheint. In Wirklichkeit gibt es jedoch keine äußerlich existierenden Dinge. Wie erschafft das *alaya* sie aber dann durch Verwandlung? Die Lehre beschreibt, wie wir gewohnheitsmäßig die falsche Ansicht hegen, dass *atman* und äußere Objekte wirklich existieren, und wie diese Ansicht auf

---

[85] Diese Schule studiert vor allem die Natur der Dinge (*dharma*), daher wurde sie so benannt. Die Lehre basiert auf dem *Avatamsaka-Sutra* und dem *Samdhi-nirmocana-Sutra* und wurde von Asanga und Vasubandhu systematisiert. Das Werk des Letzteren, *Vidyamatra-siddhi-castra-karika*, gilt als die höchste Autorität für diese Schulrichtung.

[86] (1) Das Seh-Bewusstsein, (2) das Hör-Bewusstsein, (3) das Riech-Bewusstsein, (4) das Schmeck-Bewusstsein, (5) das Berührungs-Bewusstsein, (6) *mano-vijnana* (wörtlich „Geist-Wissen"), die Fähigkeit der Wahrnehmung, (7) *klista-mano-vijnana* (wörtlich „verschmutztes Geist-Wissen"), die Fähigkeit der Introspektion, (8) *alaya-vijnana* (wörtlich „Speicher-Wissen"), die letztgültige Substanz des Geistes.

[87] Die ersten sieben *vijnana* hängen vom *alaya* ab, von dem es heißt, dass es die „Samen" aller physischen und mentalen Objekte bewahrt.

[88] Diese Schulrichtung ist eine extreme Form des Idealismus und behauptet, dass nichts unabhängig vom *alaya* und äußerlich existieren kann. Die Geist-Substanz bewahrt von Beginn an die Samen-Ideen von Allem, und diese erscheinen dem nicht-erleuchteten Geist als das äußere Universum, sind jedoch nichts weiter als die Verwandlung der Samen-Ideen. Die fünf Sinne und das *mano-vijnana* richten sich danach aus und halten sie für äußere Objekte, die tatsächlich existieren, während man das siebte *vijnana* und das achte *vijnana* fälschlicherweise für den *atman* hält.

das *alaya* einwirkt und dort ihre Eindrücke hinterlässt.[89] In der Folge verwandeln sich diese Eindrücke (oder Samen-Vorstellungen), wenn die *vijnana* erweckt sind, und präsentieren sich vorm Auge des Geistes als *atman* und äußere Objekte.

Wenn dann das sechste und siebte[90] *vijnana*, von Unwissenheit verschleiert, bei diesen Eindrücken verweilen, halten sie diese irrtümlich für den wahren *atman* und wahre äußere Objekte. Dieser Irrtum kann mit einem Menschen verglichen werden, der eine Augenerkrankung hat[91] und der aufgrund seiner Krankheit allerlei Erscheinungen vor sich in der Luft wahrnimmt; oder mit einem Träumer, dessen phantasievolle Gedanken die Erscheinung aller möglichen äußeren Objekte annehmen und sich vor ihm präsentieren. Im Traum fantasiert er, dass diese Objekte tatsächlich außerhalb seiner selbst existieren, aber wenn er erwacht, stellt er fest, dass es sich um nichts anderes als die Verwandlung seiner Gedanken im Traum handelte.

So ist unser Leben. Es ist nicht mehr als die Verwandlung der *vijnana;* aber infolge der Illusion halten wir diese Verwandlungen für den *atman* und externe Objekte, welche tatsächlich existieren. Aus diesen trügerischen Vorstellungen entstehen irreleitende Gedanken, welche zur Schaffung von Karma führen, und daraus der Kreislauf der Wiedergeburten ohne Ende. Wenn wir diese Gründe verstehen, können wir erkennen, dass unser [körperliches] Leben nichts anderes ist als die Transformationen der *vijnana*, und dass das achte *vijnana* der Ursprung ist.[92]

---

[89] Der nicht-erleuchtete Geist denkt gewohnheitsmäßig, dass der *atman* und die äußeren Objekte tatsächlich existieren, und hinterlässt seine eigenen Samen-Ideen im *alaya*.

[90] *Avidya*, oder Unwissenheit, welche die unwirklichen Erscheinungen als Realitäten erscheinen lässt.

[91] [Fußnote T.M.] „Eine Person mit einer ernsthaften Erkrankung, welche die Visionen starker Farbeindrücke, von Menschen oder Dingen während seiner Entrückung hat."

[92] [Fußnote T.M.] „Eine unvollkommene Lehre, welche später widerlegt wird."

## 2.4 Die Mahayana-Lehre des Nihilismus

Diese Lehre widerlegt sowohl die oben angeführten Lehren des Hinayana wie des Mahayana, welche der *Dharma-laksana-*Schulrichtung zugehörig sind, und enthüllt ansatzweise die Wahrheit der Transzendentalen Wirklichkeit, welche später behandelt wird.[93] Zunächst werde ich feststellen, was sie zur Widerlegung der *Dharma-laksana*-Schulrichtung vorbringt.

Wenn die äußeren Objekte, die verwandelt werden, nicht wirklich sind, wie kann dann das *vijnana*, der Verwandler, real sein? Wenn man sagt, Letzteres wäre tatsächlich existent, aber

---

[93] [Fußnote T.M.] „Die nihilistische Lehre wird nicht nur in den diversen *Prajnaparamita-Sutra* dargelegt (die Schriften, welche *prajnaparamita* im Titel tragen), sondern in fast allen Mahayana-Schriften. Die oben genannten drei Lehren wurden vom Buddha in drei aufeinanderfolgenden Perioden gelehrt. Aber diese Lehre [die Lehre des Nihilismus, d.h. die Lehre von der „Zerschlagung der Erscheinungen, 破相] wurde nicht zu einem spezifischen Zeitpunkt gelehrt; sie zielt darauf ab, jederzeit das Anhaften an die Sinnesobjekte zu zerstören. Darum lehrt uns Nagarjuna, dass es zwei Arten von Weisheiten bzw. *prajna* gibt, die gewöhnlichen und die besonderen. Die *sravaka* bzw. Hörer und die *pratyekabuddha* („einzeln Erleuchtete"), d.h. die Anhänger des Hinayana, können gemeinsam mit den Bodhisattvas oder Anhängern des Mahayana diese Lehre hören und verstehen, da sie darauf ausgerichtet ist, ihr Anhaften an äußeren Objekten zu zerstören. Aber nur Bodhisattvas können die besondere Weisheit verstehen, da sie auf geheime Weise die Buddha-Natur bzw. das Absolute enthüllt. Beide großen indischen Lehrer, Silabhadra und Jnanaprabha, haben die Lehren des Buddha in drei Perioden eingeteilt. (Gemäß Silabhadra, 625, Lehrer von Hiuen Tsang, hat der Buddha zunächst die Lehre vom „Sein" gelehrt, welche besagt, dass alle Lebewesen unwirklich sind, aber die Dinge wirklich. Alle Hinayana-Sutras gehören dieser Periode an. Als nächstes hat der Buddha die Lehre vom Mittleren Pfad gelehrt, im *Samdhi-nirmocana-Sutra* und anderen Texten, welche besagt, dass das gesamte phänomenale Universum unwirklich ist, aber die geistige Substanz wirklich. Gemäß Jnanaprabha hat der Buddha zuerst die Lehre vom Sein gelehrt, dann die Lehre von der Existenz der geistigen Substanz, und zuletzt die von der Unwirklichkeit.) Einige sagen, die Lehre von der Unwirklichkeit sei vor der *dharma-laksana*-Lehre verkündet worden, während andere sagen, sie sei danach gelehrt worden. Ich folge hier letzterer Ansicht."

Erstere nicht,[94] dann unterstellt man, dass der träumende Geist gänzlich verschieden ist von den Objekten, welche er im Traum sieht (welche mit den äußeren Objekten verglichen werden). Wenn sie gänzlich verschieden sind, sollte man den Traum nicht mit den geträumten Dingen gleichsetzen, und auch nicht die geträumten Dinge mit dem Traum. Mit anderen Worten, sie sollten getrennte Existenzen beanspruchen. Und wenn man dann aufwacht, sollte der Traum verschwinden, aber die Objekte, von denen man geträumt hat, müssten erhalten bleiben.

Wiederum: Wenn man sagt, dass die Dinge, von denen man träumt, nicht identisch mit dem Traum sind, dann wären es tatsächlich existierende Dinge. Wenn der Traum nicht dasselbe ist wie die geträumten Dinge, in welcher anderen Form erscheint er dir dann? Darum muss man zugeben, dass alles für die Annahme spricht, sowohl der träumende Geist wie die geträumten Dinge seien gleichermaßen unwirklich, und dass in Wirklichkeit nichts davon existiere, auch wenn es uns so vorkommt, als ob es in einem Traum einen Sehenden und Gesehenes gäbe.

Dann wären aber auch alle *vijnana* unwirklich, da keines von ihnen eine von selbst-existierende Realität darstellt, sondern ihre Existenz vergänglich ist und von anderen Faktoren abhängt. Der Autor der *Madhyamika-Sastra*[95] sagt: „Es gibt nichts, dass ohne direkte und indirekte Ursachen ins Dasein treten würde. Daher gibt es nichts in der Welt, dass nicht unwirklich [da nicht aus sich selbst heraus existierend] wäre." Und weiter sagt er: „Ebensolche Dinge, welche durch direkte und indirekte Ursachen entstanden sind, erkläre ich als unwirkliche

---

[94] [Fußnote T.M.] „Im Folgenden widerlege ich die Sichtweise am Beispiel des Traumes."

[95] Das Hauptwerk der Madhyamika-Schulrichtung, verfasst von Nagarjuna und Nilanetra, Übersetzung ins Chinesische durch Kumarajiva (409 n.Chr.).

Dinge." Der Autor des *Sraddhotpada-Sastra* sagt:[96] „Alle Dinge des Universums zeigen sich nur als Folge falscher Vorstellungen in unterschiedlicher Form. Wenn sie von ihren falschen Wahrnehmungen und Vorstellungen losgelöst sind, existieren keine Formen dieser äußeren Objekte." Der Verfasser eines weiteren Sutra sagt:[97] „Alle physischen Erscheinungsformen, welche dem Buddha zugeschrieben werden, sind falsch und unwirklich. Das Sein, welches alle Formen transzendiert, wird Buddha genannt."[98] In der Folge muss man zugeben, dass der Geist ebenso wie die äußeren Objekte unwirklich sind. Dies ist die ewige Wahrheit der Mahayana-Lehren. Wir werden zu der Schlussfolgerung geführt, dass Unwirklichkeit [Leerheit] der Ursprung des Daseins ist, wenn wir ihn gemäß dieser Lehre zurückverfolgen.

Nun wollen wir einiges zur Zurückweisung auch dieser Lehre sagen. Wenn sowohl der Geist wie die äußeren Objekte unwirklich sind, wer ist es dann, der weiß, dass dem so ist? Und weiter: Wenn im gesamten Universum nichts wirklich existiert, was ist es dann, was die unwirklichen Objekte dazu veranlasst, zu erscheinen? Wir sind Zeugen der Tatsache, dass es kein einziges unwirkliches Ding auf Erden gibt, welches nicht durch etwas Wirkliches in Erscheinung treten würde. Wenn es kein Wasser von unveränderlicher Flüssigkeit gäbe,[99] wie könnte es dann die unwirklichen und temporären Formen der Wellen geben? Wenn es keinen unveränderlichen Spiegel gäbe, strahlend und rein, wie könnten sich dann zahlreiche Bilder, unwirklich

---

[96] Ein wohlbekannter Text des Mahayana, der Ashvaghosha zugeschrieben wird. Übersetzung ins Chinesische durch Paramartha. Es gibt eine englische Übersetzung von D. Suzuki.
[97] *Vajracchedika-prajna-paramita-Sutra*; es existieren drei chinesische Versionen.
[98] [Fußnote T.M.] „Ähnliche Passagen finden sich in allen Texten des Mahayana-Dreikorb."
[99] Das Absolute wird mit dem Ozean verglichen, das phänomenale Universum mit den Wellen.

und vergänglich, darin spiegeln? Es ist tatsächlich wahr, dass – wie oben gesagt – sowohl der träumende Geist wie die geträumten Objekte gleichermaßen unwirklich sind; aber setzt dieser unwirkliche Traum nicht notwendig die Existenz eines realen Schläfers voraus?

Wenn nun – wie oben erklärt – sowohl Geist wie äußere Objekte nicht wirklich sind, dann kann niemand sagen, was es ist, das diese unwirklichen Erscheinungen verursacht. Daher wissen wir, dass diese Theorie nur dazu dient, die falsche Sichtweise derjenigen zu widerlegen, welche leidenschaftlich an der Lehre von den *dharma-laksana* festhalten, die geistige Wirklichkeit jedoch nicht vollständig enthüllen. So heißt es im *Mahabheri-haraka-parivarta-Sutra* folgendermaßen:[100] „Alle Sutras, welche die Unwirklichkeit der Dinge lehren, gehören zu einer unvollständigen Lehre des Buddha." Und das *Mahaprajnaparamita-Sutra* sagt:[101] „Die Lehre der Unwirklichkeit ist das Eingangstor zum Mahayana."

Wenn die obigen vier Lehren nacheinander und miteinander verglichen werden, ist die jeweils folgende tiefgründiger als die vorhergehende. Sie werden unter der Annahme, dass ihre Anhänger sie für eine Weile studieren und von selbst erkennen, dass sie unvollständig sind, die oberflächlichen Lehren genannt. Aber wenn die Anhänger an ihnen als vollendet festhalten, werden dieselben Lehren als unvollständig bezeichnet. Sie heißen darum oberflächlich und unvollständig mit Blick auf ihre Anhänger.

---

[100] Das Sutra wurde von Gunabhadra (420-479) ins Chinesische übersetzt.

[101] Dies ist kein wörtliches Zitat aus der Übersetzung des Sutras durch Hiuen Tsang. Die Stelle findet sich im *Mahaprajnaparamita-Sastra*, dem Kommentar zum Sutra von Nagarjuna.

Kapitel 3

*Die direkte Erklärung des Wahren Ursprungs*[102]

*2.5 Die* Ekayana-*Lehre von der Absoluten Wirklichkeit*

Diese Lehre verkündet, dass alle fühlenden Wesen den Wahren Geist der Ursprünglichen Erleuchtung [jap. *hongaku*] in sich tragen.[103] Seit undenkbaren Zeiten ist diese Erleuchtung unwandelbar und rein. Sie ist ewig strahlend, klar und bewusst. Sie wird auch Buddha-Natur oder *Tathagata-garbha* genannt.[104] Da sie jedoch seit anfangsloser Zeit vom Schleier der Unwissenheit verdeckt ist, wissen die Lebewesen nichts von ihrer Existenz und glauben, dass ihre eigene, innere Natur degeneriert wäre. Als Folge davon ergeben sie sich körperlichen Freuden und produzieren Karma und Leiden unter Geburt und Tod. Der große Erleuchtete Eine [der Buddha] hatte Mitleid mit ihnen und lehrte, dass alles im gesamten Universum unwirklich ist. Er wies darauf hin, dass der Wahre Geist geheimnisvoller Erleuchtung in ihnen selbst rein ist und exakt derselbe wie im Buddha. Darum sprach er im *Avatamsaka-Sutra*[105]: „Es gibt keine Lebewesen, Kinder des Buddha, welche nicht mit der Weisheit des

---

[102] [Fußnote T.M.] „Die perfekte Lehre, in welcher der Buddha die ewige Wahrheit verkündet."

[103] Die absolute Wirklichkeit wird von den Anhängern des Mahayana als eine selbst-existente, allgegenwärtige, geistige, unpersönliche Wirklichkeit, frei von jeglicher Täuschung, aufgefasst. Sie kann als so etwas wie die universelle und erleuchtete Seele angesehen werden. [*Hongaku* ist ein wichtiges Konzept im japanischen buddhistischen Diskurs.]

[104] „Schoß des Tathagata", ein anderer Name für Buddha.

[105] Der Text wurde zwischen 418 und 420 von Buddhabhadra ins Chinesische übersetzt. [Deutsche Übersetzung *Kegon-Sutra* in zwei Bänden und als E-Books im Angkor Verlag erhältlich.]

Tathagata ausgestattet wären;[106] sie können die Erleuchtung lediglich aufgrund ihrer Illusionen und ihres Anhaftens nicht erlangen. Wenn sie frei sind von Illusionen, wird die Universelle Intelligenz,[107] die Natürliche Intelligenz,[108] die Unbehinderte Intelligenz[109] (in ihrem eigenen Geist) enthüllt."

Dann erzählt er die Parabel von einem einzigen winzigen Staubkorn,[110] welches große Mengen an Sutras enthält, von der Größe wie der Große Chiliokosmos.[111] Das Staubkorn wird mit einem Lebewesen verglichen, und die Sutras mit der Weisheit des Buddha. Später sagt er:[112] „Einmal sprach der Tathagata, nachdem er alle Arten von Lebewesen im gesamten Universum betrachtet hatte, so: Wunderbar, wie wunderbar! Dass diese zahlreichen Lebewesen, ausgestattet mit der Weisheit des Tathagata, sich dieser Weisheit aufgrund ihrer Irrtümer und Täuschungen nicht bewusst sind! Ich werde sie die heilige Wahrheit lehren und sie für immer von ihren Illusionen befreien. Ich ermögliche es ihnen dadurch, die Große Weisheit des Tathagata in sich selbst zu finden, wodurch sie dem Buddha gleichwertig werden."

Lassen Sie mich einige kritische Worte zu dieser Lehre anmerken. So viele Kalpas wurden zugebracht, ohne mit dieser

---

[106] Der höchste Beiname des Buddha. Er bezeichnet jemanden, der so in die Welt kommt wie seine Vorgänger [der „So-Gekommene bzw. So-Gegangene"].

[107] Die alles erkennende Weisheit, welche durch die Erleuchtung erlangt wird.

[108] Die immanente Weisheit der Ursprünglichen Erleuchtung.

[109] Die Weisheit, welche aus der Vereinigung der [erworbenen] Erleuchtung mit der Ursprünglichen Erleuchtung entsteht.

[110] Eine berühmte Parabel in dem Sutra.

[111] Gemäß der buddhistischen Literatur besteht ein Universum [eigentlich: ein Weltsystem] aus einer Sonne, einem Mond, einem zentralen Berg Sumeru, vier Kontinenten usw. Eintausend dieser Universen bilden die Kleinen Eintausend Welten; eintausend dieser Kleinen Eintausend Welten ergeben die Mittleren Tausend Welten; der Große Chiliokosmos, die Großen Tausend Welten, bestehen aus eintausend Mittleren Tausend Welten.

[112] Dies ist kein wörtliches Zitat aus dem Sutra.

wahren Lehre in Kontakt zu kommen; daher vermochten wir nicht, unser Leben zu seinem Ursprung zurückzuverfolgen. An nichts anderem anhaftend als an äußeren Erscheinungen, haben wir uns bereitwillig dazu bekannt, Teil der Herde der niederen Wesen zu sein. Manche sahen sich selbst als Tiere, andere als Menschen. Aber nun, indem wir das Leben entsprechend der höchsten Lehre bis auf seine Ursprünge zurückverfolgen, haben wir vollkommen verstanden, dass wir selbst ursprünglich Buddhas waren. Darum sollten wir in Übereinstimmung mit den Taten eines Buddha handeln und unseren Geist mit dem Geist des Buddha in Harmonie bringen. Begeben wir uns einmal mehr zur Quelle des Erleuchteten Geistes, errichten wir die ursprüngliche Buddhaschaft in uns wieder auf. Durchtrennen wir die Fesseln der Anhaftung und entfernen wir die Illusion, der gewöhnliche Menschen regelmäßig unterliegen!

Wenn die Illusion zerstört ist,[113] ist auch der Wille zur Zerstörung aufgehoben, und nichts verbleibt mehr (außer vollständiger Ruhe und Freude). Dies führt auf natürliche Weise zur Erleuchtung, deren praktischen Anwendungen so zahlreich sind wie die Sandkörner im Ganges. Dieser Zustand wird Buddhaschaft genannt. Wir sollten wissen, dass das Trügerische ebenso wie die Erleuchtung ursprünglich ein und derselbe Reale Geist sind. Wie groß, wie hervorragend ist die Lehre, welche den Menschen zu solch einem Ursprung zurückführt!

---

[113] Die Passage erscheint im *Daodejing*.

*Anmerkung T.M.:*
Obwohl alle oben angeführten fünf Lehren vom Buddha selbst verkündet worden sind, gehören manchen davon zur plötzlichen Erleuchtung und manche zur schrittweisen. Bei Menschen mit geringstem oder durchschnittlichem Verständnis lehrte er zuerst die oberflächlichen Lehren und führte sie schrittweise zu den tiefgründigeren. Zu Beginn seiner Laufbahn als Lehrer lehrte er sie die erste Lehre, um es ihnen zu ermöglichen, alles Übel aufzugeben und im Guten zu verweilen. Als nächstes verkündete er die zweite und dritte Lehre, damit sie die Befleckungen entfernen und die Reinheit erlangen konnten. Schließlich verkündete er die vierte und die fünfte Lehre, um ihr Anhaften an unwirklichen Formen zu zerstören und ihnen die absolute Wirklichkeit aufzuzeigen. Darum reduzierte er alle vorläufigen Lehren auf die eine dauerhafte und lehrte sie, den *dharma* entsprechend des Unvergänglichen zu praktizieren und Buddhaschaft zu erlangen.

Wenn da einer von höchstem Verständnis ist, mag er zuerst die tiefgründigste Lehre lernen, dann die weniger tiefgründige und schließlich die oberflächliche – d.h. er kann am Anfang das plötzliche Verstehen der Einen Wirklichkeit des Wahren Geistes erlangen, so wie es in der fünften Lehre dargelegt ist. Wenn die Geistige Realität vor dem Auge seines Geistes enthüllt wird, erkennt er auf natürliche Weise, dass sie alle unwirklichen Erscheinungen transzendiert, dass die unwirklichen Erscheinungen infolge der Illusion erscheinen, und dass ihre Existenz von der Wirklichkeit abhängt. Dann muss er das Böse aufgeben, das Gute praktizieren und das Unwirkliche mittels der Weisheit der Erleuchtung aufgeben und auf das Reale zurückführen. Wenn alles Unwirkliche verschwunden ist und nur vollständige Wirklichkeit verbleibt, wird er *dharma-kaya-Buddha* genannt.

## Kapitel 4

*Die Versöhnung der vorläufigen mit den endgültigen Lehren*[114]

Selbst wenn die wahre Natur der Ursprung des Lebens ist, muss es aller Wahrscheinlichkeit nach einige Ursachen für ihr ins-Dasein-Treten geben, da sie nicht rein zufällig körperliche Form annehmen kann. In den vorhergehenden Kapiteln habe ich die ersten vier Lehren nur deshalb zurückgewiesen, weil sie unvollkommen sind; in diesem Kapitel versöhne ich die vorläufigen Lehren mit der endgültigen Lehre. Kurz gesagt werde ich aufzeigen, dass sogar der Konfuzianismus [und Taoismus] richtigliegt.[115] Das heißt, von Beginn an existiert die wahre Natur (in allem Sein), welche eine und geistig ist. Sie kann niemals geschaffen oder zerstört werden. Sie unterliegt weder Wandel noch Vergänglichkeit. Die Lebewesen, welche seit anfangsloser Zeit im Schlaf der Täuschung schlummern, sind sich deren Existenz nicht bewusst. Sie ist verborgen und verschleiert, daher wird sie *Tathagata-garbha* genannt.[116] Von diesem *Tathagata-garbha* hängen die mentalen Phänomene ab, welche Entstehen und Vergehen ausgesetzt sind.

Wahrer Geist transzendiert Erschaffung und Zerstörung (wie es im Sastra von Ashvaghosha dargelegt ist) und bildet eine Einheit mit der Täuschung, welche Entstehen und Vergehen unterliegt; das eine ist weder gänzlich verschieden von, noch

---

[114] [Fußnote T.M.] „Die oben zurückgewiesenen Lehren werden allesamt mit der wahren Lehre in diesem Kapitel versöhnt. Sie haben alle ihren Anspruch hinsichtlich ihres speziellen Verweises auf den wahren Ursprung."

[115] [Fußnote T.M.] „Der erste Abschnitt bestätigt die fünfte Lehre, welche die Natur enthüllt; die Aussagen in den folgenden Abschnitten sind die gleichen wie diejenigen der anderen Lehren, so wie sie in den Anmerkungen erläutert werden."

[116] [Fußnote T.M.] „Die folgende Aussage ist identisch mit der vierten Lehre, wie sie oben bei der Widerlegung der phänomenalen Existenz erklärt wurde, welche Entstehen und Vergehen unterworfen ist." Vergleiche *Sraddhotpada-Sastra*.

gänzlich identisch mit dem anderen. Diese Einheit mit der Täuschung hat die zwei Seiten der Erleuchtung und Nicht-Erleuchtung[117] und wird *alaya-vijnana* genannt. Aufgrund der Nicht-Erleuchtung erregt sie zuerst sich selbst und bringt einige Vorstellungen hervor. Diese Aktivität des *vijnana* wird „Zustand des Karma" genannt.[118] Da man weiterhin nicht versteht, dass diese Vorstellungen von Beginn an unwirklich sind, verwandeln sie sich in das innerliche Subjekt und das äußerliche Objekt, in den Seher und das Gesehene. Man weiß nicht, wie man verstehen soll, dass diese äußeren Objekte nicht mehr als die Schöpfung des eigenen verblendeten Geistes sind, und hält sie für wirklich existent. Dies wird der irrtümliche Glaube an die Existenz der äußeren Objekte genannt.[119] Als Folge dieser irrtümlichen Anschauung unterscheidet man Selbst und Nicht-Selbst und kommt schließlich zu dem falschen Glauben an einen *atman*. Da man an der Vorstellung des Selbst anhaftet, verlangt man nach zahlreichen angenehmen Sinnesobjekten zum Zwecke des eigenen Selbst. Man ist jedoch zugleich durch zahlreiche unerwünschte Objekte gekränkt und fürchtet die Verletzungen und Mühen, welche sie mit sich bringen. So werden die närrischen Leidenschaften[120] Schritt für Schritt verstärkt.

Auf diese Weise werden einerseits die Seelen derjenigen, welche sich der Vergehen des Mordes, Diebstahls und so weiter schuldig gemacht haben, durch die Wirkung des unheilsamen Karma in den Höllen, unter den Hungergeistern, den Tieren oder anderswo wiedergeboren. Auf der anderen Seite erfahren die Seelen derjenigen, welche solche Leiden fürchten [und da-

---

[117] [Fußnote T.M.] „Die folgende Aussage ist mit der Lehre des *dharmalaksana* identisch."

[118] Karma meint hier lediglich einen aktiven Zustand; es sollte von durch Handlungen produziertem Karma unterschieden werden.

[119] [Fußnote T.M.] „Die folgende Aussage ist identisch mit der zweiten Lehre, der Lehre des Hinayana."

[120] [Fußnote T.M.] „Die folgende Aussage ist identisch mit der ersten Lehre, der Lehre für Menschen und Götter."

her nicht diese Vergehen auf sich geladen haben] oder von Natur aus gut sind, Almosen gegeben und die Vorschriften eingehalten haben, durch die Wirkung des guten Karma den Zwischenzustand bzw. *antarabhava*[121] und treten in den Schoß ihrer [zukünftigen] Mütter ein.[122]

Sie sind mit dem sogenannten *qi* ausgestattet, der Materie (für den Körper).[123] Das *qi* bildet zu Beginn die vier Elemente aus;[124] diese wiederum entwickeln nach und nach die verschiedenen Sinnesorgane. Der Geist besteht zuerst aus den vier Aggregaten[125] und entwickelt nach und nach die verschiedenen *vijnana*. Nach dem Verlauf aller zehn Monate [Mondkalender] werden sie geboren und Menschen genannt. Dies ist unser gegenwärtiger Körper und Geist. Daher müssen wir wissen, dass Körper und Geist ihren je eigenen Ursprung haben und dass die beiden in der Vereinigung ein menschliches Wesen bilden. Sie werden unter Göttern und Asuras geboren, und so weiter in einer fast identischen Art und Weise.

Obwohl wir durch die Kraft des „allgemeinen Karma"[126] unter Menschen geboren werden, finden sich manche infolge der Wirkung des „besonderen Karma"[127] in hoher Stellung wieder und andere in niederer; manche sind arm und manche sind reich; manche erfreuen sich eines langen Lebens, während andere jung sterben; manche sind kränklich, andere gesund; manche steigen auf, manche steigen ab; manche leiden Schmerzen,

---

[121] Das geistige Dasein zwischen diesem und dem nächsten Leben.

[122] [Fußnote T.M.] „Die folgende Aussage entspricht den Lehren des Konfuzianismus und Taoismus."

[123] [Fußnote T.M.] „Dies stimmt mit der heterodoxen Ansicht überein, dass *qi* der Ursprung ist."

[124] (1) Erde, (2) Wasser, (3) Feuer, (4) Luft.

[125] (1) Empfindung, (2) Vorstellung, (3) Gestaltung, (4) Bewusstsein. [Siehe Fußnote 60.]

[126] Das Karma, welches die verschiedenen Klassen der Lebewesen bestimmt, wie z.B. Menschen, Tiere, Hungergeister usw.

[127] Das Karma, welches den individuellen Status eines Lebewesens in der Welt bestimmt.

andere genießen allerlei Freuden. Zum Beispiel führen Ehrfurcht oder Nachlässigkeit im vorherigen Leben als Ursache zur Wirkung von hoher oder niederer Geburt im gegenwärtigen Dasein. Ebenso resultiert die Wohltätigkeit der Vergangenheit im langen Leben der Gegenwart; das Nehmen eines Lebens [in der Vergangenheit, z.B. durch Mord] führt zu einem kurzen Leben [in diesem Dasein]; das Geben von Almosen bedeutet Reichtum, Knauserigkeit bewirkt Armut. Es gibt so viele individuelle Fälle von Vergeltung, dass sie nicht alle eigens angeführt werden können. So kommt es, dass manche unglücklich sind, obwohl sie nichts Unrechtes tun, während andere glücklich sind, ohne in diesem Leben irgendetwas Gutes zu tun. So auch genießen manche ein langes Leben trotz ihres unmenschlichen Verhaltens, während andere jung sterben, obwohl sie nicht töten und dergleichen. All dies ist vorherbestimmt durch die Wirkungen des „besonderen Karma" der Vergangenheit, daher ist es nur natürlich und weitgehend unabhängig von den Handlungen in diesem Leben. Heterodoxe Gelehrte ignorieren die früheren Leben, verlassen sich nur auf ihre eigenen Beobachtungen und glauben, dass derartige Zustände einfach nur natürlich [d.h. zufällig] sind.[128]

Davon abgesehen gibt es einige, welche in einigen Phasen ihrer früheren Leben heilsames Handeln kultiviert, in anderen Phasen aber Übeltaten begangen haben; während andere in ihrer Jugend bösartig, im Alter aber tugendhaft gewesen sind. Als Folge davon sind manche glücklich, reich und wohlangesehen, während sie jung sind, aber unglücklich, arm und von niedri-

---

[128] [Fußnote T.M.] „Dies stimmt mit der exoterischen Lehre überein, dass alles natürlich geschieht." [Die Lehre von der Karma-Wirkung vergangener Leben im gegenwärtigen Dasein erscheint bei ehrlicher Prüfung äußerst unbefriedigend. Sie ist eine der großen Schwachstellen des Buddhismus, der eigentlich eine nicht-personale Wiedergeburt lehrt, zugleich aber die Menschen zu einem ethischen Leben ohne Weisung durch einen höheren Gott anleiten will.]

gem Stand im Alter. Andere führen ein armes und erbärmliches Dasein, während sie jung sind, werden jedoch wohlhabend und angesehen im Alter. Und so weiter, und so fort. Auf diese Weise kommen die externen Gelehrten zu dem Glauben, dass Wohlergehen oder Missgeschick eines Menschen lediglich vom Entschluss des Himmels abhingen.

Der Körper, über den der Mensch verfügt, wenn man ihn Schritt für Schritt bis zu seinen Ursprüngen zurückverfolgt, erweist sich als nicht mehr denn uranfängliches *qi* in seinem unentwickelten Zustand. Und der Geist, mit dem die Menschen denken, erweist sich, wenn man ihn nach und nach auf seinen Ursprung zurückverfolgt, als nichts anderes denn der Eine Wahre Geist. Um die Wahrheit zu sagen: Es existiert nichts außerhalb des Geistes, und selbst das uranfängliche *qi* ist ein Modus davon, denn es handelt sich dabei um eines der externalisierten, durch Projektion aus den *vijnana* entstandenen Objekte; es ist eines der mentalen Bilder des *alaya*, aus dessen Vorstellung, wenn sie sich im Stadium des Karma befindet, sowohl Subjekt wie Objekt hervorgehen. In dem Maße, wie das Subjekt sich selbst entwickelt, werden die schwächlichen Vorstellungen nach und nach stärker und bilden irrtümliche Ansichten, welche in der Schaffung von Karma münden. Auf die gleiche Weise nimmt das Objekt an Größe zu, die feineren Objekte werden schrittweise gröber und führen schließlich zu unwirklichen Dingen, welche mit der Bildung von Himmel und Erde enden.[129] Wenn das Karma genug gereift ist, wird man von Vater und Mutter mit Spermium und Eizelle ausgestattet, welche

---

[129] [Fußnote T.M.] „Am Anfang war gemäß der exoterischen Lehren die „große Unwandelbarkeit", welche eine fünffache Entwicklung durchmachte und die fünf Prinzipien hervorbrachte. Aus diesem Prinzip, welches sie den Großen Pfad der Natur nennen, entstanden zwei untergeordnete Prinzipien, das Positive und das Negative. Sie scheinen die ultimative Realität zu erklären, aber ihr Pfad ist in Wirklichkeit nicht mehr als die „Wahrnehmung von Unterschieden" des *alaya*. Das sogenannte uranfängliche *qi* scheint die erste Vorstellung im erwachenden *alaya* zu sein, ist aber nur ein äußeres Objekt."

durch den Einfluss des Karma mit Bewusstsein vereinigt werden und einen vollständigen Menschen bilden.

Entsprechend dieser Anschauung (*dharma-laksana*), sind die Dinge, welche durch die Transformationen des *alaya* und der anderen *vijnana* hervorgebracht werden, zweigeteilt: Ein Teil, in Vereinigung mit dem *alaya* und den anderen *vijnana* verbleibend, wird zum Menschen, während der andere Teil, davon getrennt, zu Himmel, Erde, Bergen, Flüssen, Ländern und Städten wird. Auf diese Weise ist der Mensch das Ergebnis der Einheit der beiden; das ist der Grund, warum er allein unter den drei Kräften als spirituell gilt. Dies wurde vom Buddha selbst gelehrt,[130] als er erklärte, dass zwei verschiedene Arten der vier Elemente existieren – die inneren und die äußeren.

Ach! O ihr halbgebildeten Gelehrten, die ihr an unvollständigen Lehren hängt, die sich untereinander alle widersprechen! Diejenigen, welche die Wahrheit suchen, wenn sie Buddhaschaft erlangen, verstehen ohne Zweifel, was die gröberen und die feineren Formen trügerischer Anschauungen sind, was der Erzeuger ist und was das Erzeugte. Dann geben sie das Erzeugte auf, kehren zum Erzeuger zurück und reflektieren über den Geist, die Quelle von allem. Wenn die groben falschen Vorstellungen ausgelöscht und die feinen falschen Vorstellungen beseitigt sind, wird die wunderbare Weisheit des Geistes enthüllt, und nichts bleibt mehr unverstanden. Dies wird der *Dharmakaya* und *Sambogha-kaya* genannt. Er vermag sich aus sich selbst heraus zu transformieren und in zahllosen Formen unter den Menschen zu erscheinen. Dies wird der *Nirmana-kaya* der Buddhas genannt.[131]

---

[130] *Ratnakutra-Sutra*, von Jnanagupta ins Chinesische übersetzt.

[131] Jeder Buddha hat drei Körper: (1) *Dharma-kaya* oder transzendenter Körper; 2) *Sambhoga-kaya* oder Vergütungs-Körper; (3) *Nirmana-kaya* oder Körper der Verwandlungen.

**Yongming Yanshou**

Eine Vielzahl guter Taten

*„Wenn jemand andauernd voller Freude ist, dann kümmert er sich gleichermaßen um diejenigen mit höheren und geringeren Fähigkeiten. Wenn jemand großen Schmerz erträgt, dann errettet er jeden, ob Freund oder Feind."*

Yongming Yanshou (904-976) wurde erst in jüngerer Zeit größere Beachtung zuteil, vor allem durch die akademischen Arbeiten von Albert Welter. Der Buddhologe sieht Yanshou als Vertreter einer „Chan-Schule des Prinzips", die neben der von Linji begründeten „Chan-Schule des Geistes" bestand (analog zu den neo-konfuzianischen Schulen des Prinzips und Geistes von Zhu Xi und Wang Yangming). Yanshou gilt als Gelehrter und Vertreter des „Worte und Buchstaben"*(wenzi)*-Chan, das Harmonie zwischen Chan und den traditionellen Lehren anstrebt *(jiaochan yizhi)*, statt „die spezielle Überlieferung (nur) außerhalb von Schriften" *(jiaowai biechuan)* zu sehen. Er praktizierte die Sitzmeditation und das Rezitieren und genießt auch im Buddhismus des Reinen Landes hohes Ansehen. Ursprünglich wurde er vom Huayan-Buddhismus beeinflusst, liebte das Lotussutra und inspirierte seinerseits den Tiantai-Buddhismus, wobei er der „Nur-Geist"*(weishi)*-Philosophie folgte. Jedoch war Yanshou der Meinung, dass nach dem Erwachen das Bedürfnis nach Schriften schwinde, die gleichzeitig aber mühelos zu interpretieren seien.

Yanshou wurde wohl 932 unter Ts'ui Yen Mönch und später von Tientai Deshao (891-972) bestätigt. Er selbst sah sich als Chan-Meister *(chanshi)*[132], ohne dass er eine bestimmte Übertragungslinie betonte. Zur Zeit der Buddhistenverfolgungen in

---

[132] Eine der wesentlichen Aufzeichnungen von Chan-Linien, das *Jingde Chuandeng lu* (1004) von Daoyuan, der wohl ebenfalls Mönch unter Deshao war, bestätigt Yanshou als dritten Patriarchen der Fayan-Linie, die später zu einem der „Fünf Häuser" *(wujia)* gezählt wurde, und als zehnten in der Linie Xingsis, der ein Schüler des sechsten Patriarchen Huineng war. Beides findet sich bei Yanshou selbst nicht.

China lebte er im Königreich Wuyue des relativ stabilen Südens. Yanshous Hauptwerk *Zongjing lu*, das 170 Chan-Meister und Werke zitiert, stützt sich u. a. auf Guifeng Zongmis (780-841) *Chanyuan zhuquanji duxu* („Vorwort zur Sammlung von Chan-Quellen)[133] und auf Huayan-Meister wie Chengguan. *Jing* bezeichnet die Spiegelungen der Phänomene im Geist. *Zong* bedeutet hier keine Identität mittels Traditionslinien, sondern Yanshous Glaube, dass der buddhistischen Lehre eine vereinigende Doktrin *(zhengzong)* zugrunde liegt, die dem allumfassenden universellen Geist *(yixin)* entspricht; mittels Frage und Antwort sowie Zitaten will Yanshou auf dieses „wahre Prinzip" hinweisen. Dabei kommen z. B. auch Shenxiu (606?-706) und Lanzan, ein Schüler von Shenxius Nachfolger Puji (651-739) aus der Nordschule, zur Geltung; damit werden – im Gegensatz zur späteren Chan-Tradition – andere Schüler des fünften Patriarchen Hongren (601-674) neben Huineng gewürdigt, etwa auch Lao'an (Songshan Hui'an, gest. 708) und dessen Schüler Tengteng, sowie Fazhao.[134]

---

[133] Zongmi erläuterte die Grundlagen des Chan, die aus dem Mahâyâna stammen: Die Lehren der Nordschule hatten ihren Ursprung im Yogâcâra (Faxiang)-Konzept [des Wesens] phänomenaler Erscheinungen *(shuoxiang)*; die Ochsenkopfschule gründete auf dem Mâdyamika(Sanlun)-Konzept der Verneinung [Leere] phänomenaler Erscheinungen *(poxiang)*; beide seien unvollständig im Vergleich mit den Heze- und Hongzhou-Zweigen des Chan, die sich auf das „Erwachen des Glaubens" *(Dacheng qixin lun)* und Huayan-Lehren stützen und offenbaren, dass wahrer Geist Natur ist *(xianshi zhenxin ji xing)*. Allerdings zeige die auf Mazu zurückgehende Hongzhou-Schule moralische Schwäche, wenn sie behauptet, alles sei wahr, denn so könnten auch schlechte Taten als Ausdruck von Buddha-Natur gewertet werden.

[134] Das Hauptaugenmerk liegt freilich auf den „Standard"-Linien, die durch Qingyuan Xingsis Schüler Shitou Xiqian (700-790) und durch Nanyue Huairangs Schüler Mazu Daoyi (709-788) begründet wurden, zumal Mazu gleich zwölf Dharma-Nachfolger hatte. Von den so genannten Fünf Häusern berücksichtigt Yanshou allerdings nur Guiyan, Linji und Caodong. Der Yunmen-Zweig war noch nicht prominent, die eigene Fayan-Schule ließ Yanshou bescheiden in den Hintergrund treten.

Auffällig ist die große Bandbreite – auch ritueller – buddhistischer Praxis, die Yanshou in einem weiteren Werk, dem *Wanshan tonggui ji* („Myriaden verdienstvoller Taten") unterstützt, aus dem wir im Folgenden übersetzen. Sie verbindet Sitzmeditation, Rezitieren, das „Anhalten und Sehen" *(zhiguan)* des Tiantai und das Anrufen des Namens Buddhas *(nianfo)* mit klassischen Übungen des achtfachen Pfades und der *parâmita*, aber auch mit sozialpolitischem Engagement wie der Einrichtung sanitärer Anlagen, Tempel-, Brücken- und Straßenbau, der Obdachgewährung für Waise und durch Einberufung zum Militärdienst Bedrohte, oder dem Freikauf von Gefangenen, die zum Tode verurteilt wurden. Die Formen des Almosengebens reichen sogar bis zur Selbstverbrennung! Yanshou kann damit als Advokat eines synkretistischen „Chan der Bodhisattva-Kultivierung" *(pusa xing chan)* gelten. Sein Credo: „Erst mit Nicht-Geist *(wuxin)* und schmückenden Übungen *(zhuangyan)* als Paar wird die Essenz der Buddhaschaft *(foti)* vollkommen." Der nicht-anhaftende Geist verwirklicht Buddhaschaft also erst im konkreten Handeln (auch wenn dieses sich oft auf überkommene und rituelle Tätigkeiten beschränkt). Eine bloße Unabhängigkeit oder Transzendenz von Schriften *(biexiu, biechuan)*, wie in der Linji-Schule, wird jedoch als fehlgeleitet angesehen.

Im *Wanshan tonggui ji* erläutert Yanshou das gegenseitige Durchdringen von abstraktem Prinzip und konkreter Realität mit den Begriffen *li* (Prinzip oder Numen) und *shih* (Aktivität oder Phänomene), *ti* (Essenz, Wesen) und *yong* (Eigenschaft), wobei *shih* und *yong* verdienstvolle Taten *(wanshan)* ausmachen, und *li* und *ti* mit *tonggui* gleichgesetzt werden, dem letzten Ziel *(nirvâna)*, dessen Erlangen die guten Taten zur Voraussetzung hat.

In seiner „Einführung in die Bodhisattva-Gelübde", *Shou pusa jiefa hingxu*, von der nur noch die Einleitung erhalten ist, stützt Yanshou sich offensichtlich auf das *Brahmajâla* (Brahmanetz)-Sutra:

„Das Sutra macht uns klar, dass die buddhistischen Gebote nichts anderes als der Geist der fühlenden Wesen sind; es gibt keine buddhistische Lehre abseits davon. Weil sie den eigenen Geist erwecken, werden sie Buddha genannt; weil sie es ermöglichen, dem Buddhismus zu folgen und ihn zu unterstützen, werden sie Dharma genannt; weil sie den Geist nicht-unterscheidend machen und in Einklang mit anderen bringen, werden sie Sangha genannt. Aufgrund der dem Geiste innewohnenden Vollkommenheit und Reinheit werden sie Gebote genannt. Weil sie Seelenfrieden und Einsicht fördern, kennt man sie als Weisheit, weil sie den Geist stillmachen, als Nirwana. Die Bodhisattva-Gelübde[135] sind das höchste Fahrzeug des Tathâgata und der Grund, warum Bodhidharma aus dem Westen kam."

---

[135] Von Yanshou auch „Buddha-Natur-Gelübde" *(foxin jie)* genannt; in diesen sei alles Materielle, Immaterielle, Emotionale und Gedankliche enthalten.

*Quellen:*

*Wanshan tongui ji* 萬善同歸集 (T. 2017)
*Zongjing lu* 宗鏡錄 (T. 2016)

Welter, Albert: *Yongming Yanshou's Conception of Chan in the Zongjing Lu: A Special Transmission Within the Scriptures* (Oxford 2011)
 ders.: *The Meaning of Myriad Good Deeds: A Study of Yung-ming Yen-shou and the Wan-shan t'ung-kuei chi* (Dissertation Mc Master University 1986)
 ders.: "Beyond Lineage Orthodoxy: Yongming Yanshou's Model of Chan as Bodhisattva Cultivation", in: *Chung-Hwa Buddhist Journal* (Taipei 2013)

*[Einleitung]*

Alle guten Taten *(shan)* gründen auf der wahren Form *(shi-hsiang)* des grundlegenden Prinzips *(tsung)*. Wie das All umfassen sie alles, wie die Erde erzeugen sie alles. Wenn jemand mit Absoluter Soheit *(i-ju)* im Einklang ist, besitzt er alle Tugenden. Die zahllosen Übungen werden fortwährend hervorgebracht, ohne den Bereich der Wahrheit *(chen-chi)* zu stören. Der Bereich des Dharma *(fa-chieh)* wird ständig manifestiert, ohne das zu vernichten, was durch Ursachen *(yuan-sheng)* erzeugt wird. Geistesfrieden behindert nicht Aktivität, weltliche Wahrheit nicht absolute Wahrheit. Existenz und Nicht-Existenz werden gemeinsam kontempliert, sie sind von einer Wirklichkeit und ununterscheidbar. Die zahllosen Phänomene sind Nur-Geist *(wei-hsin)*. Man muss ausgiebig alle *pâramitâ* praktizieren, darf aber nicht wie ein Narr am ziellosen Sitzen festhalten und so die wahre Kultivierung verhindern.

Will man die unzähligen Übungen erblühen lassen, muss man sich unbedingt auf *li* [das Prinzip universeller Wahrheit] und *shih* [die konkreten Phänomene] stützen. Wenn diese frei von Hindernissen sind, enthalten sie selbst den Weg. Folglich werden die Umstände, die einem selbst und anderen nutzen, und das vollkommene Mitempfinden gegenüber allen Wesen, die von gleicher Natur sind, entstehen; alles ist enthalten und man praktiziert grenzenlos.

Spricht man über *li* und *shih*, ist ihr tiefgründiger Inhalt nur schwer zu klären; untersucht man sie genau, sind sie weder identisch noch verschieden. Die Kräfte und Wirkungen von *li*, dessen Natur wirklich ist, und von *shih*, dessen Form leer ist, durchdringen sich gegenseitig und sind zur gleichen Zeit gegenwärtig und abwesend.

Die alles durchdringende Natur ist ununterschieden, ihre Spuren kennen Subjekt und Objekt und erscheinen differenziert.

*Shih* wurde durch *li* begründet, aber ohne *li* zu verunklaren. *Li* wird durch *shih* offenbart, doch ohne *shih* zu zerstören. Indem sie sich gegenseitig stützen, werden sie begründet. Sie sind beide leer und sich gegenseitig integrierend *(hsiang-she)*. Ob als *li* verborgen oder als *shih* manifestiert, fördern sie einander. Frei von Hindernissen erscheinen sie gemeinsam. Obwohl sie weder identisch sind noch sich gegenseitig verneinen, sind sie weder existent noch leer. Obgleich sie sich gegenseitig bestätigen und erzeugen, sind sie weder ewig noch ausgelöscht.

Untersucht man *li* ohne *shih*, verfällt man der Dummheit der Hörer *(shrâvaka)*. Praktiziert man *shi* ohne *li*, fällt man der Anhaftung gewöhnlicher Menschen anheim. Ohne *li* gibt es kein *shih*: Wasser ist gänzlich Wellen. Ohne *shih* gibt es kein *li:* Wellen sind gänzlich Wasser. *Li* selbst ist nicht *shih:* Die Bewegung der Wellen und die Nässe des Wassers sind verschieden. *Shih* ist nicht *li:* Subjekt und Objekt sind unterschieden. Ohne *li* und *shih* verschwinden sowohl die Absolute Wahrheit als auch die weltliche, mit *li* und *shih* werden beide auf Dauer begründet. Beleuchtet man sie durch Bilder, sind diese nur provisorisch und gleichen Illusionen; sind sie verborgen, dann sind sie leer und unbestimmt, und die Traumwelt der Illusionen verschwindet. Weder leer noch provisorisch ist der Mittlere Weg fortwährend klar und behindert nicht Ursachen und Bedingungen. Wie könnte es ihm an der Natur von *li* mangeln?

Bodhisattvas, die sich im Stadium der Freiheit befinden, wo nichts erlangt werden muss, wenden geschickte Mittel an und widersetzen sich nicht der Leere, während sie mitten in der Existenz stecken. Sie stützen sich auf die letztgültige Wirklichkeit *(shih-chi)*, schaffen Tore des Wandels *(hua-men)* und verhindern keine weltliche Wahrheit, während sie in Absoluter Wahrheit weilen. Sie entzünden fortwährend die Fackel der Weisheit, statt das Licht des Geistes zu erlöschen. Wie Wolken verteilen sie die Lehre vom Mitempfinden, wie Wellen fördern sie den Ozean der Übungen. Dabei sind sie unbehindert wie Staub, spontan, frei und im Einklang mit den Umständen. All ihre Taten sind buddhistisches Handeln *(fo-shih)*. Darum heißt es im *P'an-jo ching:* „Der Absolute Geist ist voll von zahllosen Übungen."

Im *Hua-yen ching* steht: „Der Erleuchtete sagte zu Sudhana: ,Wenn ich den Buddha Amitabha in der Welt von Frieden und Glück sehen möchte, kann ich das nach Belieben; das gleiche gilt für andere Buddhas. Alle Buddhas der zehn Richtungen, die ich sehe, sind das Ergebnis meines eigenen Geistes. Du Sohn aus gutem Hause solltest wissen, dass ein Bodhisattva die *dharma* aller Buddhas pflegt, das Land aller Buddhas reinigt, in wundervollen Übungen Meisterschaft erlangt, den Geist zügelt und fühlende Wesen zur Lehre führt, indem er große Gelübde zu ihrer Rettung verwirklicht. All dies ist das Ergebnis dessen, was er mit seinem eigenen Geist erschafft. Du solltest also deinen eigenen Geist auf gute *dharma* stützen, ihn durch das reinigende Wasser der Lehre erfrischen, mittels des Bereiches der Objekte reinigen, mittels kraftvoller Übungen stärken, mittels Weisheit klären, mittels der ungehinderten Kraft Buddhas entwickeln, mittels des Gleichmuts Buddhas ausdehnen und mittels der zehn Kräfte Buddhas klar durchdringen."

Ein alter Meister kommentierte: „‚Der Geist umfasst Myriaden von *dharma*.' Dies bedeutet, dass nicht nur die Konzentration auf Buddha durch einen einzigen Gedanken aus dem eigenen Geist stammt, sondern auch die zahllosen Übungen der Bodhisattvas und die Natur und Funktion der Buddhaschaft. Diese Aussage beseitigt auch die Fehler verwirrten Anhaftens. Es heißt: ‚Myriaden von *dharma* sind nichts als Geist, und diesem zu ermöglichen, frei zu walten, ist der Buddha. Ist es nicht sinnlos, den zahllosen Übungen nachzujagen?'"

Ich will nun klären, dass der Geist nichts anderes als Buddha ist, auch wenn dies lange vom Staub geistigen Kummers verborgen wurde. Darum kultiviere ich den Geist zunehmend mittels zahlloser Übungen und mache ihn so klar und leuchtend. Es heißt zwar, dass die zahllosen Übungen auf dem Geist gründen, doch es heißt nicht, dass es falsch wäre, ihn zu kultivieren. Da die zahllosen *dharma* nichts als der Geist sind, wie könnte das Kultivieren ihm entgegenstehen?

*Frage und Antwort*

[1]

Frage: Ein Patriarch sagte: „Wenn die Dinge nicht als gut oder schlecht beurteilt werden, erlangt man ganz natürlich Eintritt in das Wesen des Geistes *(hsin-t'i)*." Im *Nieh-p'an ching* heißt es: „Alle bedingten Dinge *(hsing)* sind unbeständig. Dies ist das Gesetz von Geburt und Tod." Warum wird dann das Kultivieren empfohlen, wenn es doch diesen Lehren der Patriarchen widerspricht?

Antwort: Die Lehren der Patriarchen gründen auf dem grundlegenden Prinzip *(tsung)*. Die Worte ihrer Lehre trennen von Anhaftungen. In der Lehre vom plötzlichen Erwachen der Chan-Schule vernichtet man die Form und wird frei von bedingter Existenz *(li-yuan)*; Leere und Existenz verschwinden gemeinsam, Wesen und Funktion sind beruhigt. Nach der Vollständigen Lehre des Hua-yen wird man zugleich mit allen Tugenden ausgestattet, *li* und die Übung werden gemeinsam in Gang gesetzt, Mitempfinden und Weisheit stützen einander. Wenn Manjushrî die Übung durch *li* bestätigt, mangelt es nicht am Prinzip der Unterscheidung, und wenn Samantabhadra *li* mit Übung schmückt, geht die Lehre des Grundlegenden nicht verloren.

Wurzel und Zweige sind eine einzige Wirklichkeit, gewöhnliche Menschen und Heilige entstammen der gleichen Quelle. Ohne die weltliche Wahrheit zu zerstören, zeigen Bodhisattvas die Absolute Wahrheit auf, und ohne von der Absoluten Wahrheit getrennt zu sein, begründen sie die weltliche. Mit dem Auge der Weisheit ausgestattet, versinken sie nicht in Geburt und Tod. Indem sie den Geist des Mitempfindens erzeugen, haften sie nicht am Nirwana an. Sie betrachten die drei Welten als

Funktion von Erwachen *(bodhi)* und bewegen sich, in den Ozean der Illusionen geworfen, frei auf der Fähre des Nirwana.

Die zahllosen guten Taten *(wan-shan)* sind die Mittel für Bodhisattvas, ins Heilige einzutreten, die vielen Übungen sind die Methoden für Buddhas, den Weg zum Erwachen zu unterstützen. Wenn einer Augen, aber keine Füße hat, wie kann er dann den reinen, erfrischenden Teich erreichen? Wenn einer erlangt, was wirklich ist, doch vergisst, was verzichtbar ist, wie kann er da in den Bereich völliger Freiheit aufsteigen? Folglich ergänzen geschickte Mittel und Weisheit *(prajnâ)* einander ständig, und Leere und wundervolle Existenz bedingen und stützen einander stetig. Im Lotussutra sind die drei Fahrzeuge vereint und auf eines *(kuei)* reduziert, und die zahllosen guten Taten führen zum Erwachen *(bodhi)*. Im *Prajnâpâramitâ-Sutra* wird gelehrt, dass alles nicht-dualistisch ist, und die vielen Übungen werden zur einen allwissenden Weisheit zusammengefasst.

Darum heißt es im *Hua-yen ching:* „Auf der siebten Stufe des ‚weiten Voranschreitens' sollte ein Bodhisattva die zehn verschiedenen herausragenden Wege der Weisheit geschickter Mittel kultivieren. Dies bedeutet:

(1) obwohl er die drei Versenkungen *(samâdhi)* von Leere, Form und Begierdelosigkeit praktiziert, ist er mitfühlend und lässt die fühlenden Wesen nicht im Stich;

(2) obwohl er die Lehre vom Gleichmut aller Buddhas erlangt, erfreut er sich weiter daran, ihnen Gaben darzubringen;

(3) obwohl er durchs Tor der Weisheit tritt, indem er über Leere meditiert, sammelt er sorgsam Wohltaten und Tugenden an;

(4) obwohl er sich den drei Welten entzogen hat, schmückt er diese weiterhin;

(5) obwohl er die Flammen der Illusionen vollständig ausgelöscht hat, ist er noch in der Lage, die Flammen von Gier, Hass

und Dummheit zu erzeugen und zu vernichten, um damit allen fühlenden Wesen zu helfen;

(6) obwohl er weiß, dass alle *dharma* wie Träume, Schatten, Echos, Phantome sind, oder wie der Mond im Wasser oder Reflektionen in einem Spiegel, und dass ihre Selbstnatur nichtdualistisch ist, handelt er in Übereinstimmung mit dem Geist und seinen unzähligen Unterscheidungen;

(7) obwohl er weiß, dass alle Länder nur wie das leere All sind, kann er noch Buddha-Länder mit reiner, wunderbarer Praxis verzieren;

(8) obwohl er weiß, dass der Dharma-Körper aller Buddhas ursprünglich ohne Körper ist, schmückt er ihre Leiber mit besonderen Kennzeichen;

(9) obwohl er weiß, dass die Stimmen aller Buddhas von Natur aus leer, still und unbeschreibbar sind, ist er noch fähig, mit allen fühlenden Wesen übereinzustimmen und die verschiedensten originären, reinen Töne hervorzubringen;

(10) obwohl er allen Buddhas entspricht und vollkommen begreift, dass die drei Zeitalter von Vergangenheit, Gegenwart und Zukunft nur einem einzigen Gedanken entspringen, ist er im Einklang mit den erdachten Unterscheidungen fühlender Wesen und kultiviert alle Übungen auf verschiedenste Weisen und bei den verschiedensten Gelegenheiten über unzählige Zeitalter *(kalpa)* hinweg."

Im *Wei-mo ching* heißt es:
„Obwohl ein Bodhisattva in Leere praktiziert, pflanzt er die Wurzeln vieler Tugenden – dies nennt man Bodhisattva-Praxis.

Obwohl er Formlosigkeit übt, erlöst er fühlende Wesen – dies nennt man Bodhisattva-Praxis.

Obwohl er Nicht-Tun [*wu-tso,* absichtsloses Tun] übt, erscheint er in wiedergeborenen Körpern – dies nennt man Bodhisattva-Praxis.

Obwohl er Nicht-Erscheinen [*wu-ch'i*, Abstandnehmen von Ursachen, die Karma erzeugen] übt, lässt er alle guten Handlungen erscheinen – dies nennt man Bodhisattva-Praxis."

Von einem alten Meister ist überliefert:
Frage: Die zahllosen Übungen sind nur „Nicht-Denken" [nicht zu denken, selbst wenn man Gedanken hat]. Wie kann dann dies der Weg sein: Wenn einer Gutes und Schlechtes sieht, will er das Gute tun und sich vom Schlechten befreien und erschöpft dabei den eigenen Körper und Geist?
Antwort: Wenn sich jemand so von Gedanken[136] befreit und nach „Nicht-Denken" sucht, wird er dieses niemals erlangen. Wie könnte einer, der „Nicht-Denken" noch nicht erlangt hat, sich „Nicht-Denken" vorstellen und dabei frei von Hindernissen sein? Des Weiteren ist „Nicht-Denken" nur ein Übungsbeispiel. Wie könnte einer auf diese Weise plötzliche Vollkommenheit im „einen Gedanken"[137] finden?

In diesen Zitaten scheint die Lehre Buddhas klar auf. Wie könnte jemand von hohem Geist sich mit einem leeren Magen abgeben, der nur beschränktes Erlangen kennt? Das wäre wie mit einem Frosch, der die Weite des Ozeans nicht mag, oder einem Glühwürmchen, das versucht, die Sonne zu übertreffen.

---

[136] *Li-nien*, eines der fünf geschickten Mittel der Nord-Schule, das von der Süd-Schule polemisch von ihrem Nicht-Denken *(wu-nien)* abgesetzt wurde; demnach ist *li-nien* als Wesen des Geistes frei von Gedanken, durchdringt alles wie leerer Raum und ist mit ursprünglicher Erleuchtung gleichzusetzen, da es, frei von Konzepten, die Wirklichkeit nicht verdinglicht.

[137] *I-nien*, die Zeit, die ein Gedanke dauert; im Chan die spontane, vollständige Erkenntnis.

[6]

Frage: Der Dharma-Körper *(fa-sheng)* des Tathâgata ist heiter und rein. Da alle fühlenden Wesen von fremdem Staub bedeckt sind, kann sich der Dharma-Körper nicht selbst manifestieren. Wenn jemand nun bloß vermeidet, in die Umstände verstrickt zu werden, wird das stille Wasser der Meditation *(ting-shui)* rein. Warum benötigt jemand viele gute Taten? In Aktivismus zu verfallen und sich von wahrer Kultivierung abzuwenden erzeugt nur Erschöpfung und Kummer.

Antwort: Die stille Manifestation von Nicht-Geist *(wu-hsin)* ist die Ursache der Verwirklichung. Das ehrwürdige Zierwerk *(chuang-yen)* seliger Tugenden *(fu-te)* ist die notwendige Folge bedingten Entstehens *(yuan-ch'i);* durch diese Ursachen wird das Wesen der Buddhaschaft *(fo-t'i)* vollständig. Alle Mahâyâna-Sutren beschreiben dies im Detail.

Im *Ching-ming ching* heißt es: „Der Buddha-Körper *(fo-sheng)* selbst ist der Dharma-Körper *(fa-sheng)*. Er ist aus der Weisheit unzähliger verdienstvoller Tugenden geboren, aus Mitempfinden und freudigem Verzicht, aus Almosenspenden, dem Unterstützen der Gebote, dem gütigen Ertragen von Schmach, sorgfältiger Praxis und spirituellem Fortschritt, *samâdhi (ch'an-ting)* und Befreiung, dem häufigen Hören von Weisheit und den verschiedenen *pâramitâ*. Durch das Abtrennen aller üblen *dharma* und das Ansammeln aller guten *dharma* wird der Körper des Tathâgata geboren *(ju-lai sheng).*"

Ebenso heißt es dort: „Weil der Bodhisattva mit seligen Tugenden und großem Mitempfinden ausgestattet ist, verweilt er nicht im Unbedingten *(wu-wei);* weil er mit Weisheit ausgestattet ist und sein ursprüngliches Gelübde, alle Wesen zu erretten, erfüllt, erschöpft er dieses Unbedingte nicht *(yu-wei).*"

So wie du dich von der vollkommenen Lehre abwendest und den Worten Buddhas nicht folgst, versuchst du die Fesseln des Nirwana zu ergreifen und in der Grube der Befreiung zu ertrinken. Wenn man die Blume und Frucht des Erwachens *(bodhi)* sucht, indem man von einer hoch gelegenen Ebene einen Lotus- oder Orangensamen in den Himmel sät, wie könnte man da erfolgreich sein? Darum sage ich, dass diejenigen, die den wahren Rang des Unbedingten erlangen, die Wahrheit Buddhas überhaupt nicht zur Schau stellen! Wenn jemand sich nicht dem weiten Ozean überlässt, kann er nicht die unschätzbare Schatzperle erlangen, wenn einer also nicht in den großen Ozean der Illusionen eintaucht, kann er den Schatz vollkommener Weisheit nicht bergen.

[10]

Frage: Alles, was mit den Augen in Kontakt kommt, befindet sich im Stadium des Erwachens *(bodhi)*, und alles, was mit den Füßen in Kontakt kommt, ist der Weg. Warum muss man dann einen besonderen Ort für die konkrete Praxis *(shih-hsiang tao-ch'ang)* begründen, um die eigenen Gedanken zu unterjochen und den eigenen Körper zu erschöpfen? Wie kann das mit der subtilen Bedeutung des Buddhismus übereinstimmen?

Antwort: Es gibt zwei Arten von Orten für die Übung *(tao-ch'ang)*. Der erste ist der Ort der Praxis von *li*, der zweite der Ort der Praxis von *shih*. Der Ort der Praxis von *li* durchdringt Welten, die so zahllos wie Staubkörner sind, der Ort für die Praxis von *shih* ist wohlverziert und rein. Dennoch manifestiert man *li* abhängig von *shih* und umgekehrt. Da *shih* leer ist, besitzt es *li* vollständig, es gibt kein *shih*, das nicht *li* wäre. Da *li* wirklich ist und auf Umstände antwortet, gibt es kein *li*, das *shih* behinderte. Um *li* im Sinne von *shih* zu erhellen, muss man vorübergehend Verzierung *(chuang-yen)* praktizieren. Um aus weltlicher Wahrheit in die Absolute Wahrheit einzutreten, verlässt man sich auf diese Verzierung. Dies ist die Grundlage für Wertschätzung und Ehrerbietung *(kuei-ching)* und stellt die Methode dar, andere zu ermutigen *(ts'e-fa)*. Wenn jemand den Geist schmückt, indem er Form betrachtet, dann nutzt das ihm und anderen *(tzu-t'a chien-li)*.

Im *Mo-ho chih-kuan* heißt es: „Im Geist eines neuen Schülers in der Vollkommenen Lehre *(yuan-chiao)* muss das Dharma-Verweilen *(fa-jen)* noch vervollständigt werden, selbst wenn die Kontemplation von *li* bereits durchdringend ist. Man muss an einem reinen Ort *(ching-ti)* einen Ort für die Übung errichten und schmücken. Bei Tag und Nacht sollte man sechs Mal die fünf Bußen[138] tun und Vergehen beichten, die man mit den sechs Sinnen begangen hat. Wenn man dann die Übung der Kontemplation betreibt, schreitet man schnell mit der Lehre und den Geboten *(ch'eng-chieh)* voran, und *li* und *shih* sind frei von Makel. Die Erhabenheit, der Schutz, die Wahrheit und das Erleuchten aller Buddhas dringt plötzlich hervor. Sobald man auf der Ursprungsstufe der Übung *(ch'u-chu)* angelangt ist, werden die Stufen für den eigenen lebenslangen Fortschritt geordnet.

Im *Shang-tu i* heißt es: „Für diejenigen, die Zuflucht zu den drei Schätzen nehmen, ist es wichtig, gen Westen zu zeigen, die Form Amitabhas zu errichten und den Bereich der Objekte zu begreifen, indem sie ihren Geist konzentrieren *(chu-hsin)*. Sie erhellen weder „Freiheit von Form" *(wu-hsiang)* noch „Freiheit von Gedanken" *(li-nien)*. Der Buddha wusste schon, dass gewöhnliche Menschen ihren Geist nicht konzentrieren können, wie könnte man da von ihnen erwarten, dass sie frei von Form *(li-hsiang)* sind? Das wäre so, als würden Menschen ohne übernatürliche Fähigkeiten im Himmel leben und dort ein Haus bauen.

Stützt sich jemand auf die dreifaltige Kontemplation[139] von Buddhas Schatzbild oder ähnlichem, wird er sicher jenseits der Zweifel gelangen. Der Buddha sagte: „Nach meinem Eingang

---

[138] *Wu-hui,* die dem Tientai-Buddhismus entstammen: (1) die eigenen Vergehen der Vergangenheit offenlegen und für die Zukunft vermeiden; (2) sich an die Tathâgata der zehn Richtungen wenden, dass sie das Dharma-Rad drehen; (3) sich an allen eigenen und fremden guten Taten erfreuen; (4) alle guten Ursachen, die man schafft, auf fühlende Wesen und den Buddha-Pfad übertragen; (5) die vier Bodhisattva-Gelübde ablegen und die vier Übungen vollziehen (Erwachen, gute Taten, Weisheit, Ehrerbietung).

[139] Nimmt Bezug auf diese Doktrin im Tientai-Buddhismus: (1) alle Existenz ist nicht-substantiell und leer *(kung);* (2) alle Existenz hat dennoch eine provisorische Realität *(chia);* (3) alle Existenz ist weder leer noch provisorisch real, sondern jenseits davon gibt es die Wahrheit des Mittleren Weges *(chung).*

ins Nirwana ist das Bild, das jemand kontemplieren kann, nicht von mir verschieden."

Im *Ta chih-tu lun* heißt es: „Bodhisattvas werden nie dieser drei Handlungen überdrüssig: (1) dem Buddha Gaben darbringen; (2) dem Dharma lauschen; (3) der Sangha Gaben darbringen.

Von Chih-che, einem Meister der T'ien-t'ai-Schule, ist überliefert:

Frage: In der Welt gibt es Praktizierende der Leere, die sich in ihrer Unwissenheit an die Leere *(ch'ih-k'ung)* klammern und nicht mit der Lehre der Sutren übereinstimmen. Sobald sie vom kontemplierenden Geist *(kuan-hsin)* hören, denunzieren sie ihn mit den Worten, wenn jemand darüber nachsänne, dass der Geist dem Dharma-Körper gleich sei, dann müsse ja alles, womit man in Kontakt kommt, ebenfalls dem Dharma-Körper gleich sein. Warum behandeln sie Sutren und Buddha-Statuen mit Respekt, aber Papier und Holz respektlos? Weil Respekt und Respektlosigkeit verschieden sind, gibt es Ungleichheit, und aufgrund dieser Ungleichheit wird das Prinzip des Dharma-Körpers nicht begründet.

Antwort: Ich möchte nur die Wahre Form aller *dharma* offenbaren, indem ich allein diese Form vom Standpunkt gewöhnlicher Menschen aus betrachte. Sutren und Buddha-Statuen zu verehren erzeugt eine Entfesselung von Weisheit. Zahllose Menschen zu veranlassen, Gutes zu ehren und schlechte Ursachen zu beseitigen, erzeugt eine Entfesselung geschickter Mittel. Wie könnte das mit dem übereinstimmen, was du behauptest?

Wenn also jemand Dharma-Versammlungen *(fa-hui)* fördert, feierliche Rituale *(t'an-yi)* begründet, den gütigen Schutz von Buddhas und Patriarchen durch Handgesten *(shou-chüeh chia-ch'ih)* sicherstellt und diese herausragenden Aktivitäten *(sheng-shih)* schmückend hervorhebt, wird er als Folge am Ort seiner Übung Erleuchtung *(hsien-cheng)* sowie die Erhabenheit und den Schutz aller Buddhas erlangen. All diese Dinge hat der Große Heilige durch sein Mitempfinden erteilt. Er zeigte die wesentlichen Rituale auf: Einige betrachten die Form von Weihrauch und Blumen und halten die Tugend, den Geboten *(chieh-te)* zu folgen, dank ihrer Reinheit in Ehren; andere betrachten den Körper Samanta-bhadras und reinigen so vollständig die Quellen ihrer Vergehen.

Darum ist buddhistische Praxis *(fa-shih)* vollständig angeordnet und der buddhistische Weg schon lange am Erblühen. Wenn jemand diese wundersamen Taten vollbrachte, wurde die Vertrauenswürdigkeit ihrer Wirkungen gut belegt. So sollte man sich an das halten, was Heilige der Vergangenheit zur Grundlage machten, um zu bestätigen, welche Handlungen *(shih)* der Kanon fordert. Man soll nicht so der Leere *(hsü)* vertrauen, dass man aufgrund persönlicher Überlegungen die Tugenden *(te)* beschädigt oder gute Taten *(shan)* vernichtet und dadurch üblen Wiedergeburten anheim fällt. Wenn man Existenz leugnet und von der Leere aufgesogen wird, wirft man sich selbst in ein Netz des Bösen.

[34]

Frage: Der Körper ist der Ursprung des Weges [als Grundlage der Übung], und Gefangenschaft ist die Grundlage von Befreiung. Wie kann jemand einen Finger oder den Körper entzünden und so den Weg kultivieren, indem er sich von ihm abwendet? Im *Kao-seng chuan* und im Vinaya des Kleinen Fahrzeugs wird dies klar abgelehnt. Wie kann die Selbstverbrennung also zum Kanon des Heiligen gehören?

Antwort: Wenn jemand seinen Körper aufgibt, um die Freundlichkeit *(en)* des Dharma zu vergelten, befindet er sich im feinen Einklang mit dem Großen Fahrzeug und in tiefer Harmonie mit der rechten Lehre.

Im *Ta-ch'eng fan-wang ching* heißt es: „Wenn ein Sohn Buddhas mit einem gütigen Geist praktiziert, sollte er zuerst das Verhalten, die Schriften und die Regeln des Vinaya im Großen Fahrzeug studieren und deren Bedeutung ausgiebig verstehen. Wenn dann Novizen aus großer Entfernung herbeikommen, um die Schriften und den Vinaya des Großen Fahrzeugs zu studieren, sollte er ihretwillen in Übereinstimmung mit dem Dharma alle Übungen der Entsagung *(k'u-hsing)* lehren, wie das Entflammen des eigenen Körpers, Armes oder Fingers. Wenn die jungen Bodhisattvas dem Buddha solche Opfer nicht darbringen können, dann haben sie das Leben eines Haushälters noch nicht aufgegeben. Man sollte sein Fleisch, seine Hände und Füße hungrigen Tigern, Wölfen, Löwen und allen Hungergeistern als Opfergaben darbringen können. Dann predige man das Wahre Gesetz und bringe die Novizen zu einem ersten Verständnis. Wenn dies nicht geschieht, begeht man ein minderschweres Vergehen nach dem Vinaya.

Im *Ta-ch'eng shou-leng-yen ching* heißt es: „Der Buddha sprach zu Ânanda: ‚Wenn nach meinem Dahinscheiden ein Mönch *samâdhi* kultivieren will und vor einem Abbild des Tathâgata in der Lage ist, sich wie eine Fackel zu entzünden und ein Fingergelenk oder einen Weihrauchstab auf seinem Körper zu verbrennen, dann sage ich, dass seine unbezahlten Schulden von anfangloser Vergangenheit in einem einzigen Augenblick vollständig zurückgezahlt wurden. Solch einer wird für immer der Welt entsagen und auf ewig alle Ausflüsse *(lou)* fliehen. Selbst wenn er noch den Weg höchster Erleuchtung verstehen muss, hat er bereits seinen Geist auf den Dharma ausgerichtet. Führt jemand nicht diese symbolische Entsagung des Körpers durch, dann wird er – selbst wenn er das Stadium erlangt, dass die Umstände transzendiert *(wu-wei)* – als Mensch wiedergeboren und alte karmische Schuld abgelten müssen, genau wie in dem Fall, wo einer deshalb Stroh essen musste.

Folglich ergreift das Kleine Fahrzeug Formen und stellt Regeln auf, anstatt ein Verständnis zu ermöglichen. Die Lehre des Großen Fahrzeugs ist umfassend, offen und frei von festgeschriebenen Gesetzen.

Im *P'u-sa shan-chieh ching* heißt es: „Die Gebote der Hörer *(shrâvaka)* sind dringende Angelegenheiten, diejenigen der Bodhisattvas sind flexibel. Die Regeln der Anhänger des Kleinen Fahrzeuges hemmen, die der Bodhisattvas öffnen."

Ferner heißt es im Sutra: „Das Einhalten eines Gebotes durch einen *shrâvaka* ist das Brechen eines Gebotes durch einen Bodhisattva."

Wenn sich jemand auf Sutren stützt, die die ganze Wahrheit verkünden *(liao-i ching)*, stimmen alle Buddhas erfreut zu. Wenn sich jemand aber auf Sutren beruft, die gemäß der Aufnahmefähigkeit der Hörer verfasst wurden *(sui-i shuo)*, dann verweigern die Heiligen ihre Zustimmung klagend. Man sollte nur das Große Fahrzeug und die vollkommene Lehre ehren, dies wird einem selbst und anderen zugutekommen. Wie kann jemand es tolerieren, sich mit provisorischen geschickten Mitteln zufrieden zu geben, dem Kleinen Fahrzeug anzuhängen und sowohl vom Ursprung *(pen)* als auch seinen Spuren *(i)* verwirrt zu werden?

[50]

Frage: Warum erwacht man nicht plötzlich zum Dharma der Einheit und vervollkommnet die zahllosen Übungen von selbst, statt einen langen, allmählichen Umweg zu gehen und erschöpfend nach trivialen guten Taten zu streben? In der Chan-Schule denkt man, wenn kein einziger Gedanke *(i-nien)* auftaucht, dann auch kein Staub. Wenn man brennendem Wasser hinterherrennt oder versucht, Blumen im Himmel zu pflücken, dann entspricht das dem Kultivieren des Unwirklichen mit Unwirklichem. So wird man nie *li* verwirklichen.

Antwort: Die Buddhas sind dank ihres Verständnisses der Illusionen in der Lage, verwirrte fühlende Wesen zu erretten. Bodhisattvas erhellen Leere und begründen so im Einklang mit dieser die zahllosen Übungen.

Im *Nieh-p'an ching* heißt es: „Der Buddha sagte: ‚Alle *dharma* sind ausnahmslos eingebildete Formen. Mittendrin existiert der Tathâgata, doch aufgrund der Macht geschickter Mittel kann ihn nichts beflecken. Der Dharma der Buddhas ist genau so.'"

Im *Chung-lun* heißt es: „Weil es die Lehre von der Leere gibt, sind alle *dharma* verwirklicht."

„Plötzlichkeit" ist, was ein Same bereits enthält, und „Allmählichkeit" gleicht der Knospe, die nach und nach ersprießt. Ich möchte dies auch mit einem neunstöckigen Turm vergleichen: Man kann ihn plötzlich sehen, muss aber seine Stufen allmählich erklimmen, um nach oben zu gelangen. Erkennt jemand plötzlich die Natur des Geistes, dann ist der Geist selbst Buddha. Es gibt keine Natur, die keine Buddhaschaft besäße, doch muss man Verdienst ansammeln und überall die zahllosen Übungen praktizieren. Es kann mit einem Spiegel verglichen werden: Man poliert ihn sogleich und erreicht doch seine leuchtende Reinheit erst allmählich. Kultiviert jemand plötzlich die zahllosen Übungen, gewinnt Erwachen allmählich die Oberhand. Dies ist als „vollkommene Allmählichkeit" *(yüan-chien)* bekannt und nicht als „allmähliche Vollkommenheit" *(chien-yüan)*. Es handelt sich um den Rang, der inmitten des „Nicht-Ranges" ist, und um jene Praxis, die inmitten von „Nicht-Praxis" stattfindet.

Wirkungen werden bis zu ihren Ursachen zurückverfolgt. Vom Feinen zum Offensichtlichen verwerten alle guten Taten die Kraft gesunder Wurzeln des Mitempfindens und können dadurch einem selbst und anderen von Nutzen sein. Der neunstöckige Turm nahm seinen Anfang mit dem ersten Bambuskorb voller Erde. Eine lange Reise beginnt mit dem ersten Schritt. Der breite Fluss entspringt einer Quelle. Die Bäume eines großen Waldes werden durch die kleinsten Dinge erzeugt. Der Weg lehnt triviale Übungen nicht ab. Dunkelheit widersetzt sich nicht dem ersten Licht. Wenn ein einzelner Ausdruck der Wahrheit den Geist färbt, dann überdauert er endlose Zeitalter ohne Verfall. Wenn ein einziges Gutes in den Geist tritt, wird es zahllose *kalpa* lang nicht vergessen.

Im *Nieh-p'an ching* heißt es: „Der Buddha sagte: ‚Die hundert Arten des Bösen zu zerstören, indem man einen einzigen guten Gedanken pflegt, ist so, als würde man den Berg Sumeru mit ein paar Diamanten zu Fall bringen, mit einem kleinen Feuer alles zerstören oder mittels einer kleinen Menge giftiger Medizin allen fühlenden Wesen schaden können. Das geringste Gute ist auf diese Weise in der Lage, das größte Übel zu beseitigen.'"

Im *Ta chih-tu lun* heißt es: „Wenn der Tathâgata den Weg vervollständigt, betrachtet er die Welt mit zehn Arten des Lächelns. Es gibt große Wirkungen nach kleinen Ursachen und bedeutende Vergeltung dank unwesentlicher Umstände. Wenn jemand nach Buddhaschaft strebt, wird er sie – mit einem Lobesvers, indem er ein Mal Buddhas Namen ruft oder indem er einen Weihrauchstab anzündet – sicher erlangen. Wie könnte es sein, dass einer von der Wahren Form aller *dharma* gehört hat, sie sei weder geboren noch verginge sie, sei aber auch weder ungeboren noch würde sie nicht vergehen – und sein Karma dennoch nicht verschwindet, obwohl er das Erlöschen von Ursache und Wirkung praktiziert? Darum lächelt der Buddha.

Ein alter Meister sagte es so:
Frage: Bodhidharma sprach nicht von den ursächlichen Umständen verdienstvoller Taten, sondern entgegnete dem Herrscher Liangs nur: ‚Kein Verdienst.' Bodhisattvas entsagen der Stadt und dem Staat und errichten Pagoden und Hallen. Wie könnte es sein, dass dies sinnlos ist?
Antwort: Diese Worte Bodhidharmas zerstören nicht Ursache und Wirkung gesegneter Tugenden. Der Herrscher verstand nicht, dass Verdienst und Tugend bedingter Handlungen begrenzt sind, doch Formen und Segen von Leere und Nicht-Existenz *(wu)* jenseits von Konzepten liegen. Diese Worte beendeten das Begehren und Ergreifen des Herrschers. Wenn einer nicht begehrt und ergreift, ist alles unbedingt. Bodhisattvas sind außerdem Rad drehende Könige. Ihre Wohltaten und Belohnungen, ihre Ursachen und Wirkungen sind klar und offensichtlich. Könnte es sein, dass sie kein Verdienst haben? Wer die Wahrheit versteht, geht mit diesem Verdienst so um, als wäre er das Gleiche wie der Bereich des Dharma; so wird keine dieser Wohltaten und Belohnungen erschöpft. Wer die Wahrheit nicht versteht, für den ist solches Verdienst nichts als die Vergeltung bedingter Aktivitäten im Kreislauf der Wiedergeburten. Man sollte sich nicht dieser Auffassung anschließen.
Nationallehrer Hui-chung sagte: „Buddhas und Bodhisattvas sind mit dem Schmuck von Wohltaten und Weisheit versehen."

Wie kann es sein, dass wir Ursachen und Wirkungen verneinen? Behindere nicht *shih* mit *li* oder umgekehrt. Praktiziere den ganzen Tag lang, ohne mit dem Bereich der Nicht-Praxis in Widerspruch zu stehen.

Dharma-Meister Sheng sprach:
Frage: Was bedeutet es, wenn das Schnippen mit den eigenen Fingern oder das Zusammenlegen der Handflächen nichts anderes als die Ursache von Buddhaschaft ist?

Antwort: Alle *dharma* sind ausnahmslos ohne festgelegtes Eigenwesen, sie passen sich auf jede erdenkliche Weise den Umständen an. Wenn Begierde ein Umstand ist, dann wird einer zwecks Vergeltung die Wiedergeburt als Mensch oder Gott erfahren. Ist der Umstand jedoch, dass einer sich Bodhisattvas annähert, dann wird er zur Belohnung Buddhaschaft verwirklichen. Selbst Wahre Soheit bleibt nicht auf ihre eigene Natur beschränkt, um wie viel weniger dann die Auswirkungen dieser feinen guten Taten?

Es wurde gesagt: Das Prinzip *(li)* hinter den zahllosen guten Taten ist das Gleiche: Freiheit von Ausflüssen. Die zahllosen guten Taten empfangen ihr ursprüngliches Sein von *li*. Da *li* ohne Unterscheidung ist, können gute Taten keine Dualität zulassen. Die Grundnatur des Tathâgata-Schoßes setzt die Ursache für die zahllosen guten Taten. Dies ist auch als erste Ursache bekannt.

Die T'ien-t'ai-Lehre besagt: „Wenn jemand einfache gute Taten auf die leichte Schulter nimmt, wird er kein Buddha werden, sondern die Samen der Buddhaschaft in der Welt zerstören."

Weiter heißt es: „Es gibt zwei Möglichkeiten für gute Taten. Die erste wird in der [gegenwärtigen] ‚Belohnung durch Blumen' *(hua-pao)* der Menschen und Götter erkannt, die zweite in der [zukünftigen] ‚Belohnung durch Früchte' *(kuo-pao)* auf dem buddhistischen Pfad. Wenn man mittels des Auges der Buddha-Weisheit vollständig die zahllosen guten Taten für fühlende Wesen erhellt, wird man letztlich ein Buddha. Dies ist die rechte Absicht hinter dem großen Erscheinen Buddhas in der Welt."

Der Ehrwürdige Chan-jan aus Ching-ch'i sagte: „Eine winzige Wurzel von Güte entwickelt sich zum Erwachen *(bodhi)*. Man kann es mit dem Schwenken eines Schwertes oder dem Halten einer Fackel vergleichen, für beides benötigt man einen Griff. Was die Versenkung *(hsiang-hsin)* angeht, so entspricht sie dem unmittelbaren Griff in die Klinge oder ins Feuer."

Im *Fa-hua ching* wird klargemacht, dass selbst das Anrufen Buddhas mit zerstreutem Geist, ein Lobgesang auf ihn mit brüchiger Stimme, ein mit einem Fingernagel gezeichnetes Abbild von ihm oder eine aus Sand errichtete Stupa allmählich Verdienst und Tugend bringen, so dass man in jedem Fall Buddhaschaft erlangt.

Im *Ta-pei ching* heißt es: „Der Buddha sprach zu Ânanda: ‚Wenn fühlende Wesen nur ein einziges Mal an die Gegenwart Buddhas glauben, wird die magere gute Wurzel, die sie damit pflanzen, niemals vergehen. Selbst nach einer Ewigkeit von Hunderttausenden von *nayuta kalpa* wird einer dank dieser einen Wurzel von Güte das Nirwana erlangen. Man kann es mit einem Tropfen vergleichen, der in den Ozean fällt: Auch wenn er durch die Ewigkeit fließt, wird er nie verlorengehen."

Wenn der Große Heilige also auf die Fähigkeiten der fühlenden Wesen Rücksicht nimmt, antwortet er sehr sorgsam, und weder Wichtiges noch Triviales wird vernachlässigt. Er heißt erfahrene Übende willkommen und spornt Anfänger an. Wie könnte er diejenigen ablehnen, die ihre Praxis vollendet haben, oder diejenigen, für die das nicht gilt? Manchmal lobt er solche mit geringer Aufnahmefähigkeit und führt sie zum tiefsten letzten Grund. Manchmal tadelt er die, die ihre Übung noch nicht vollendet haben, weil er fürchtet, dass sie am Eingangstor stehen bleiben. Wie können gelbe Blätter zu Gold werden? Wie kann eine leere Hand irgendetwas Wirkliches enthalten? Ob er nun mit der Absicht zu fördern oder zu tadeln agiert, es sind dies nur geschickte Mittel der Freundlichkeit, die fühlende Wesen zu ihrem Heil hin locken. Wer aber den Sinn der Lehre nicht versteht, hängt sich nur an die Worte solch geschickter Mittel, bestätigt oder verneint sie wechselweise und ergreift oder entsagt mit absoluter Gewissheit. Manche haften am Kleinen Fahrzeug an und behindern das Große; sie verletzten das ursprüngliche grundlegende Prinzip *(pen-tsung)*. Manche hängen am Großen Fahrzeug und behindern das Kleine; ihnen mangelt es an der Weisheit geschickter Mittel *(ch'üan-hui)*. Auch wenn das grundlegende Prinzip aus dem Großen Fahrzeug stammt, wie könnte es ohne das Kleine geklärt werden? Wenn einer meint, man solle die unbedeutenden Übungen des Kleinen Fahrzeugs ablehnen, weil sie in die Irre führten, dann akzeptiert er bloß das Unwirkliche und gibt dem Bedeutung, was nur provisorisch existiert. Wenn Worte geäußert werden, sind sie übertrieben. Sie zerstören das Rad des Wahren Gesetzes und verleumden die große Weisheit *(prajnâ)*. Es gibt keine schlimmeren Vergehen. Selbst wenn solche Menschen viele *kalpa* lang existierten, wie könnten sie die Wahrheit verstehen? Sie werden für immer in die *Avîci*-Hölle fahren.

Im *Ching-ming ching* heißt es: „Weisheit ohne geschickte Mittel bindet, Weisheit mit geschickten Mitteln befreit. Geschickte Mittel ohne Weisheit binden, geschickte Mittel mit Weisheit befreien."

Wie kann jemand kritisieren, was wirklich ist, indem er an geschickten Mitteln haftet, und Nicht-Existenz ablehnen, indem er missachtet, was existiert? Man sollte das Große und das Kleine Fahrzeug als Paar bekannt machen und sowohl Leere wie auch Existenz bekräftigen, dann wären die drei Kontemplationen des einen Geistes frei von Verfehlungen. Wenn jemand mit dem Wesen des Dharma *(fa-t'i)* im Einklang ist, wird nicht einmal das kleinste Ding begründet, doch wenn einer mit der Funktion der Weisheit *(chih-yung)* harmoniert, werden ständig große Taten erzeugt. Weil Wesen nicht von Funktion getrennt ist, ist es still und doch fortwährend strahlend; weil Funktion nicht von Wesen getrennt ist, strahlt sie und ist doch fortwährend still. Darum sind Wesen und Funktion, die beide beständig sind, stets strahlend und still. Wenn jemand die Bedeutung des grundlegenden Prinzips *(kuei-tsung)* versteht und sich darauf stützt, dann ist er getrennt von Wesen und Funktion. Was ist da strahlend und still? Warum die Funktion behindern, indem man an Wesen haftet, warum Bedingungen zerstören, indem man Natur ergreift? Wenn *li* und *shih* nicht in Harmonie sind und Absolute und weltliche Wahrheit getrennt werden, dann schwindet die Anteilnahme, die der gemeinsamen Essenz mit fühlenden Wesen entspringt, und die Güte, die diese Wesen unabhängig von ihren Bedingungen errettet, tritt nicht in Erscheinung. Wenn über Gut und Böse nicht gleichermaßen nachgesonnen wurde, wie können dann überall Freund und Feind gerettet werden? Dies wäre das schlimmste Vergehen, der größte Irrtum!

Ein alter Meister sagte: „Diese guten Freunde erkennen zwar klar die Buddha-Natur und sind Buddha gleich, doch ihr Verdienst entspricht noch nicht dem zahlreicher Heiliger. Von heute an sollte man ihnen bei jedem Schritt, den sie unternehmen, mit durchdringendem Einwirken helfen."

Ein anderer alter Meister sagte: „Der Mönch T'an-tzu bezahlte seine Schuld, und obwohl er *li* nicht verwirklichte, verfügte er doch über die Methoden der Praxis. Heutzutage vernachlässigen viele Schüler beide Aktivitäten *(shih)*."

So versteht man, dass „die eigene Natur schauen" noch nicht die Wahrheit ist. Begreift man dies nur durch Worte und kommt die Zeit, wo das eigene Erlangen tatsächlich überprüft wird, dann sind alle ursprünglichen Hilfsmethoden für die Übung hinfällig. Darum haben frühere Heilige nie die Stufen der Übung zerstört. Wie könnte man das auf die leichte Schulter nehmen, wenn man sich tief im Innern befragt? Die „sechs Stufen der Vereinigung"[140] dienen dazu, Missbrauch aufzuzeigen, die „zehn Stufen der Bodhisattva-Praxis"[141] dienen der Unterscheidung von einschlägigen Errungenschaften. Warum sollte jemand, im Sinne der Vereinigung, bestimmen, wer ein gewöhnlicher Mensch ist und wer ein Heiliger? Doch im Sinne der sechs Stufen sind Gewöhnliche und Heilige unterschieden. Im Sinne von *li* ist die Stufe des Anfängers sogleich mit allen Stufen ausgestattet. Doch im Sinne der Praxis folgen spätere Stufen eine nach der anderen auf frühere. Auch der Nutzen, der in einem Gedankenmoment erzeugt wird, wenn man sich auf der achten Stufe befindet, kann nicht mit den zahlreichen *kalpa* auf den niederen Stufen verglichen werden.

---

[140] Diese sind auf dem Weg zum Erwachen: die Prinzipe von *li*, Namen, Kontemplations-Praxis, Form-Erscheinen, teilweiser und letztgültiger Erkenntnis.
[141] Skt. *vihâra*; laut dem *Dashabhûmika-Sutra:* (1) Freude, anderen und sich selbst zu nutzen *(pramuditâ);* (2) Freisein von jeglicher Befleckung *(vimalâ);* (3) Ausstrahlen des Weisheitslichtes *(prabhâkarî);* (4) leuchtende Weisheit *(arcishmatî);* (5) Überwinden größter Schwierigkeiten *(sudurjayâ);* (6) Verwirklichung von Weisheit *(abhimukhî);* (7) weites Voranschreiten *(dûram-gamâ);* (8) Unerschütterlichkeit *(acalâ);* (9) Erlangen von zweckdienlicher Weisheit *(sâdhumatî);* (10) Fähigkeit, die Lehre weithin verbreiten zu können *(dharmameghâ).*

[62]

Frage: Im *Fa-chü ching* heißt es: „Wenn es einem gelingt, dass der Geist sich nicht erhebt, dann stellt dies grenzenlosen spirituellen Eifer dar."

Warum sollte man den Geist fördern, indem man Aktivitäten *(shih)* begründet, und so dem Weg zuwiderlaufen, der frei von bedingter Geschäftigkeit *(wu-tso)* ist?

Antwort: Der Geist selbst ist „Nicht-Geist", *shih* behindert nicht *li*. Handeln bedeutet, frei von Geschäftigkeit zu sein. Die Natur *(hsing)* steht nicht im Widerspruch zu den Bedingungen.

Der Nationallehrer Hsien-shou (Fa-tsang) sagte: „Weil das Wesen bedingten Entstehens still ist, erscheint nicht, was erscheint. Weil man Wesen *(t'i)* verkörpert und mit den Umständen in Harmonie ist, erscheint stets das, was nicht erscheint.

Im *Ta-chi ching* heißt es: „Der Buddha sagte: ,Es gibt zwei Arten spirituellen Eifers: das ursprüngliche Hervordringen und die letztliche Vollendung. Bodhisattvas lernen durch das ursprüngliche Hervordringen spirituellen Eifers, alle guten *dharma* zu vollenden, und durch die letztliche Vollendung zu unterscheiden, dass kein *dharma* Selbst-Natur besitzt.'"

Laut dem *Chin kuang-ming ching* lässt der spirituelle Fortschritt selbst dann nicht nach, wenn man Buddhaschaft erlangt hat. Darum erhebt sich die Mönchsversammlung und verehrt die Knochen von Buddhas Körper, und gewöhnliche wie niedere Menschen zeugen mit aufrechtem Körper und verschränkten Händen Respekt. Unter den achtzehn besonderen Merkmalen Buddhas[142] fehlt es also nicht an spirituellem Eifer.

---

[142] (1) Makelloser Körper; (2) makellose Rede; (3) makellose Meditation; (4) keine Parteilichkeit in der Errettung anderer; (5) ständiger Kontemplationszustand des Geistes; (6) Allwissenheit; (7) Unermüdlichkeit in der Führung anderer; (8) Unermüdlichkeit bei der Hilfe für andere; (9) Unermüdlichkeit bei der Kontemplation aller Lehren aus den drei Zeiten; (10) ununterbrochenes Aufrechterhalten vollständiger Weisheit; (11) Freisein, insbesondere

Im *Ta-chih-tu lun* heißt es: „Bodhisattvas wissen, dass aller spirituelle Eifer ausnahmslos unwirklich ist, und doch vollbringen sie ihn ständig und lassen nicht davon ab. Genau dies nennt man spirituellen Eifer."

---

von jeglichem Anhaften; (12) klares Wirken von Verstand und Befreitsein; (13) von Weisheit gestützte herausragende Körperfunktion beim Lehren anderer; (14) von Weisheit gestützte herausragende Sprachfunktion beim Lehren anderer; (15) von Weisheit gestützte herausragende Geistesfunktion beim Lehren anderer; (16) unbehinderte Erkenntnisfähigkeit des Geistes in Bezug auf Vergangenheit, (17) Zukunft, und (18) Gegenwart.

[78]

Frage: Die Übungen des Buddhismus sind unübertrefflich und alle Philosophen bewundern sie. Auch der Konfuzianismus und der Taoismus respektieren sie von ganzem Herzen. Warum gibt es in späteren Generationen Menschen, die den Buddhismus verunglimpfen und ihm keinen Glauben schenken?

Antwort: Unsere Vorfahren waren Konfuzianer und Taoisten, aber auch Bodhisattvas, die dem Buddha-Fahrzeug halfen, es voranbrachten und gleichermaßen priesen.

Lao-tzu sagte: „Mein Lehrer wird Buddha genannt. Er erleuchtet alle Menschen."

Im *Hsi-sheng ching* heißt es: „Mein Lehrer verwandelte sich selbst und ging nach Indien, wo er ins Nirwana eintrat."

Im *Fu-tzu* steht: „Der Lehrer Lao-tzus wurde Shâkyamuni genannt."

Im *Lieh-tzu* heißt es: „Der Erste Minister P'i aus Shang fragte Konfuzius: ‚Ist der Meister ein Weiser?' Konfuzius erwiderte: ‚Ich besitze zwar ausgedehntes Wissen und ein starkes Gedächtnis, aber ein Weiser bin ich nicht.' Der andere fragte: ‚Waren die Drei Könige Weise?' Konfuzius erwiderte: ‚Die Drei Könige waren gut darin, Weisheit und Mut anzuwenden, doch Weise waren sie nicht.' Der andere fragte weiter: ‚Waren die Fünf Herrscher Weise?' Konfuzius antwortete: ‚Die Fünf Herrscher waren gut darin, Menschlichkeit und Gerechtigkeit anzuwenden, aber ich weiß nicht, ob sie Weise waren.' Der andere fragte: ‚Waren die Drei Hoheiten Weise?' Konfuzius sagte: ‚Die Drei Hoheiten waren gut darin, sich an ihre Zeit anzupassen, aber ich weiß nicht, ob sie Weise waren.'

Der Erste Minister P'i war höchst erstaunt: ‚Wenn das so ist, wer ist dann ein Weiser?' Der Meister veränderte seinen Gesichtsausdruck und sagte: ‚Ich habe gehört, im Westen gibt es einen Weisen. Er herrscht nicht, und doch ist nichts in Unordnung. Er spricht nicht, und doch wird ihm unmittelbar vertraut. Er bekehrt niemanden, und doch hat er spontan maßgeblichen Einfluss. Er ist so großartig, dass keiner seiner Anhänger ihm einen Namen geben kann.'"

Im „Buch von Wu" heißt es: „Der Fürst von Wu, Sun Chuan, fragte Premierminister K'an Tse: ‚Kann man Konfuzius und Lao-tzu mit dem Buddha vergleichen oder nicht?' K'an Tse erwiderte: ‚Betrachtet man die Schulen von Konfuzius und Lao-tzu und berechnet ihren Abstand vom Buddha-Dharma, dann ist dieser weiter als weit! Der Grund ist folgender: Die Lehren, die Konfuzius und Lao-tzu begründeten, richten sich am Himmel *(t'ien)* aus und wagen es nicht, diesen zu missachten. Die Lehre, die Buddha begründete, wird jedoch sogar vom Himmel respektiert und praktiziert, und der Himmel wagt es nicht, Buddha zu missachten. Somit ist klar, dass man diese Lehren nicht miteinander vergleichen kann.' Der Fürst von Wu war hoch erfreut und machte K'an Tse zum Lehrer des Prinzen."

Im *Ch'i shih-chieh ching* heißt es: „Der Buddha sagte: ‚Ich habe zwei Weise zum Bekehren nach China entsandt, der eine, Lao-tzu, ist der Bodhisattva Kâshyapa, der andere, Konfuzius, ist der Bodhisattva Ju-t'ung [Manavaka]."

In Vergangenheit und Zukunft erkennt man deutlich, dass diejenigen Menschen, denen Nutzen zuteil wird, Bodhisattvas sind, die insgeheim bekehrt wurden. Nur Große Krieger (Bodhisattvas) verstehen dies, mit gewöhnlichen Gefühlen kann man es nicht erfassen. Folglich gibt es viele Verleumdungen von denen, die schlecht informiert sind und nur ein oberflächliches Verständnis haben, in der Art, wie Feuer Rauch erzeugt. All dies rührt von einem Unverständnis des ursprünglichen, grundlegenden Prinzips *(pen-tsung)* des Buddhismus her und führt zu närrischen Anhaftungen.

Wer Lao-tzu verehrt, verlässt sich begeistert auf Talismane und schriftliche Mantras, schmiedet Steine und schmilzt Gold (auf der Suche nach ewigem Leben). Er bietet gerade getöteten Tieren und Fischen Opfergaben bei religiösen Zeremonien dar und studiert die Täuschungen von taoistischen Göttern und Einsiedlern.

Wer wissentlich durchs Tor des Konfuzius tritt, verstößt gegen Aufrichtigkeit und Einfachheit und verehrt absichtlich eitle Eleganz. Er verleiht den verrückt machenden Talenten eines Papageis Flügel und spezialisiert sich auf die geringen Fähigkeiten einer Spinne. All dies widerspricht den Lehren früherer Meister und geht natürlich an der Absicht des ursprünglichen, fundamentalen Prinzips des Buddhismus vorbei. Würde man solche Menschen nicht kritisieren, wie könnte man da die Tiefgründigkeit des Buddhismus offenbaren? Würde man mindere Gelehrte nicht verlachen, wie könnte man da den Weg des Buddhismus verwirklichen?

Den Buddha-Dharma kann man mit dem Ozean vergleichen: Es gibt nichts, was er nicht enthielte. Und *li* gleicht dem Himmel: Man kann ihn durch jedes Tor betreten. Zahllose Philosophen in den fernsten Regionen begegnen dem Buddha-Dharma, die tausend Weisen schließen sich ihm an und gründen sich auf ihn. Absolute und weltliche Wahrheit herrschen beide vor; Dummheit und Weisheit erscheinen gleichzeitig.

Wenn man die weltliche Wahrheit einführt, ermutigt man Menschen durch Loyalität, Söhne durch kindliche Treue, das Land durch Dekrete und Familien durch Harmonie. Um das Gute zu verbreiten, macht man die Glückseligkeit des Himmels bekannt; um das Schlechte zu schelten, offenbart man die Qualen der Hölle. Dabei sollten nicht nur Worte der „Einen Lehre" (des Buddhismus) lobenswert sein. Wie könnte man jemanden dazu ermutigen, die Gebote zu achten, wenn man die fünf Strafen[143] tilgt?

Verkündet man die Absolute Wahrheit, sind Bestätigung und Verneinung beiderseits ausgelöscht, Subjekt und Objekt sind beide leer. Man fasst die Myriaden von Phänomenen als Eine Wahrheit auf und vollendet die Lehren der drei Fahrzeuge im makellosen Letztgültigen. Wie anders könnten die Lehren der „hundert Schulen" integriert werden als in der geregelten Ordnung der zwei Wahrheiten (des Absoluten und Relativen)?

---

[143] (1) Todesstrafe durch Erhängen oder Enthaupten; (2) Verbannung in verschiedene Entfernungen; (3) Gefängnisstrafen von einem Jahr bis zu drei Jahren; (4) 50 bis 100 Stockschläge; (5) 10 bis 50 Peitschenhiebe.

[97]

Frage: Wenn jemand ausgiebig die zahllosen guten Taten kultiviert, erweist er bei jeder Gelegenheit dem Mitempfinden Wertschätzung. Nimmt er nur die Absolute Wahrheit an, gibt es Hindernisse in Bezug auf die weltliche Wahrheit. Würde jemand so ein Kaiserreich führen, gäbe er die Kontrolle darüber auf; ein Haushälter würde es versäumen, eine Ehe einzugehen. Selbst wenn so jemand behaupten würde, anderen zu nutzen, hätte er erst noch die vollkommene Güte zu verwirklichen.

Antwort: Die zahlreichen guten Taten des Buddha-Dharma beleben überall die Dinge grenzenlos. Die Macht guter Taten errettet die Lebenden wie die Toten, und der Weg enthält sowohl die Absolute wie auch die weltliche Wahrheit. Gibt es gute Taten in einem Kaiserreich, dann behält dieses seine Vormachtstellung. Gibt es gute Taten in einem Haushalt, dann ist dieser wohlhabend. Sie alle haben reichen Nutzen davon, und ihr Verdienst ist keineswegs gering.

Darum heißt es in einem Buch: „Der Haushalt, der gute Taten anhäuft, wird in Zukunft unweigerlich Glück erfahren. Der Haushalt, der üble Taten anhäuft, wird unweigerlich Miseren erleben."

Im „Buch der Geschichte" heißt es: „Dem Täter des Guten spendet Shang-ti seinen ganzen Segen, dem Täter des Bösen schickt er das Unheil."

Laut dem „Kanon der Sung" sprach Kaiser Wen während der Yüan Chia-Ära zu seinem Sekretär Ho: „Fan T'ai und Hsieh Ling-yün sagten: ‚Die sechs konfuzianischen Klassiker sind vor allem dazu da, gewöhnlichen Menschen gutes Benehmen zu vermitteln. Was das wesentliche Spirituelle angeht, so dienen buddhistische Sutren als Anleitung.' Würde sich in diesem Land jeder an diese Richtlinie halten, könnte ich wahren Frieden ins Reich bringen."

Der kaiserliche Sekretär erwiderte: „Wenn in einem Dorf mit hundert Haushalten zehn Menschen die fünf Gebote befolgen, dann sind zehn Menschen aufrichtig und ehrfürchtig. Wenn in einer Stadt mit tausend Haushalten hundert Menschen die zehn guten Taten praktizieren, dann sind hundert Menschen harmonisch und aufmerksam. Verkündet man dies in einem Land von zehn Millionen Haushalten, werden eine Million Menschen reagieren. Ist man in der Lage, eine einzige gute Tat zu vollbringen, beseitigt man dadurch ein einzelnes Übel und verhindert so ein Verbrechen. Wenn ein Verbrechen im Haushalt verhindert wird, dann entspricht dies zehntausend Verbrechen im ganzen Reich. Dies, Eure Majestät, ist gemeint mit dem Ausdruck: ‚Während man auf dem Thron sitzt, das Reich befrieden'."

Das allumfassende Dharma-Reich durchdringt und erfüllt den Himmel. Durch das Vollbringen einer einzigen guten Tat schafft man überall Nutzen. Die zahllosen guten Taten bilden den Rahmen, um sich selbst zu verbessern; daraus folgt, dass alle anderen verbessert werden können, und auf der Basis solcher Reformen auch jedes Reich. In naher Zukunft ist Menschen und Göttern Glück beschieden. In ferner Zukunft wird jemand zur Buddhaschaft aufsteigen.

[98]

Frage: Was halten diejenigen, die zahllose gute Taten vollbringen, für ihren eigentlichen Ursprung?
Antwort: Der Geist ist der Ursprung von *li* und *shih*. Über *li* sagt ein Sutra: „Wenn jemand darüber nachsinnt, dass alle *dharma* nichts als die Selbst-Natur des Geistes sind, dann verwirklicht er den Körper der Weisheit. Man erwacht nicht, wenn man andere Ursachen für die Phänomene behauptet."
Der Geist Wahrer Wirklichkeit ist damit die Grundlage der Kontemplation von Wahrer Soheit.

Über *shih* sagt ein Sutra: „Der Geist ist – wie ein Meistermaler – in der Lage, alle Welten abzubilden. Die fünf *skandha* tauchen alle im Einklang damit auf. Es gibt keine Phänomene, die er nicht erschaffen würde."

Der rational denkende Geist (der den Bereich der Objekte unterscheidet) ist demnach die Grundlage der Kontemplation von verschiedenen Stadien geistigen Bewusstseins.

Der Geist Wahrer Wirklichkeit ist das „Wesen", und der rational erwägende Geist ist die „Funktion". Funktion ist nichts anderes als der Aspekt von „Geburt und Tod" des Geistes. Wesen ist nichts anderes als der Aspekt von „Wahrer Soheit" des Geistes. In Bezug auf Wesen und Funktion ist er in zwei geteilt, doch tatsächlich gibt es nur einen Geist. Funktion, bei der es sich tatsächlich um die Funktion des Wesens handelt, ist nicht von diesem getrennt. Wesen, welches tatsächlich das Wesen der Funktion ist, ist nicht von dieser getrennt. Ob getrennt oder vereint, auch wenn sie unterschiedlich sind, ist die Wahre Natur davon unberührt.

Der Geist ist in der Lage, Buddha und die fühlenden Wesen zu erschaffen. Er schafft Himmel und Hölle, und wenn er unterscheidet, dann tauchen tausend Unterschiede auf, die miteinander streiten. Ist der Geist beruhigt, befindet sich das Dharma-

Reich in Frieden. Ist der Geist gewöhnlich, verwirren einen die drei Gifte; ist der Geist erhaben, können die sechs übernatürlichen Kräfte[144] frei wirken. Wenn der Geist leer ist, dann ist der Weg des Einsseins rein; besteht der Geist bedingt, treten zahllose Objekte in Wettbewerb miteinander. Man kann dies mit dem Ton des Echos in einem Tal vergleichen: Sind die Worte laut, ist das Echo großartig. Andererseits auch mit den Reflektionen in einem Spiegel: Sind die Formen verzerrt, dann sind es auch die Abbildungen.

Weil die zahlreichen Übungen vom Geist abhängen, beruhen sie alle auf einem selbst. Wenn im Innern der Geist leer ist, sind äußere Objekte niemals wirklich. Wenn im Innern der Geist fein ist, sind die äußeren Objekte niemals grob. Gute Ursachen werden notgedrungen zu guten Umständen führen. Wenn aber Übles praktiziert wird, ist es schwer, bösartige Folgen zu vermeiden.

Auf Wolken gehen und süßen Tau trinken ist nichts, was man anderen zuschreiben könnte. In Rauch und Flammen daniederliegen und Eiter und Blut schlucken ist etwas, wofür man nur selbst verantwortlich ist. Das eine wird nicht vom Himmel gewährt, das andere nicht von der Hölle verursacht. Es ist das eigene Denken und sonst nichts, was den Aufstieg in den Himmel oder den Abstieg in die Hölle verursacht.

Wenn jemand Frieden und Harmonie im Äußeren anstrebt, muss er sie erst im Inneren schaffen. Ist der Geist leer, sind die Objekte befriedet. Sobald Gedanken aufkommen, werden *dharma* geboren. Ist Wasser schmutzig, sind die Wellen dunkel; ist das Wasser bis in die Tiefe klar, spiegelt sich der Mond leuchtend darin. Das Wesentliche bei Übung und Kultivieren ist genau so. Man könnte es das Tor zu vielen Wundern nennen,

---

[144] (1) Frei handeln; (2) alles hören; (3) alles sehen; (4) Gedanken lesen; (5) sich an frühere Stadien der Existenz erinnern; (6) vollkommene Freiheit verwirklichen.

die Halle der versammelten Geister, den Ursprung von Aufstieg und Fall oder die Quelle von Unglück und Segen. Wenn jemand seinen eigenen Geist bereinigt, was aus dem Reich der Objekte kann ihn dann wohl noch verblüffen?

In einem Sutra heißt es: „Ob jemand gute Taten vollbringt und dafür Segnungen genießt, oder Böses tut und so Unheil auf sich zieht – es geschieht wie ein Echo auf einen Ton hin. Gutes und Böses sind wie der Ton und nichts, was himmlische Drachen oder teuflische Geister gewährten; auch die verstorbenen Seelen der Vorfahren sind nicht dafür verantwortlich. Was sie erschafft, ist der Geist allein, und was sie zum Ausdruck bringt, sind Körper und Rede.

Der Buddha sprach dazu diese Verse: „Der Geist ist der Ursprung der Phänomene, er verursacht und verehrt sie. Sobald jemand Übles denkt, spricht er auch schon davon und führt es aus. Unheil und Leiden folgen ihm von selbst, wie Kieselsteine den Radspuren eines Karrens.

Der Geist ist der Ursprung der Phänomene, er verursacht und verehrt sie. Sobald jemand Gutes denkt, spricht er auch schon davon und führt es aus. Segnungen und Freude folgen ihm von selbst, wie Schatten den Formen."

Im *Hua-yen ching* heißt es: „Der Bodhisattva Chih-shou fragte Manjushrî: ‚Wie kann man Vergehen im karmischen Sinne durch Körper, Rede und Gedanken vermeiden, um das Höchste, das Unübertreffliche, den Rang [eines Buddha] zu erlangen und diesen noch zu überschreiten?'

Manjushrî antwortete: ‚Sohn Buddhas! Wenn alle Bodhisattvas ihren Geist auf rechte Weise benutzen, werden sie alle herausragenden und wundersamen verdienstvollen Tugenden erlangen.'"

Im *Mi-yen ching* heißt es: „Die Erde unterscheidet nicht, und die Geburt aller Dinge hängt von ihr ab. Auch der Bewusstseinsspeicher ist so, er begründet die zahlreichen Objekte. Man kann ihn mit einem Menschen vergleichen, der sich mit seinen eigenen Händen massiert; oder mit einem Elefanten, der sich mithilfe seines Rüssels selbst wäscht; oder mit Babys, die an ihren Fingern saugen. Auf diese Weise manifestiert man in seinem eigenen Geist Objekte, die einen wiederum selbst bedingen. Dies ist das objektive Reich des Geistes, das überall die drei Existenzen durchdringt. Wer über einen langen Zeitraum übt, meditiert und kultiviert, kommt in die Lage, sich frei darin zu bewegen. Die verschiedenen inneren und äußeren Welten sind nichts als Manifestationen des Geistes."

Wie könnte auf der Grundlage dessen, was wir hier ausgeführt haben, der Geist nur die Ursache der zahllosen guten Taten sein? Ob fühlende oder nicht-fühlende Wesen, gewöhnliche Menschen oder Heilige, objektives Reich oder Leere – die Myriaden von Phänomenen haben ihren Ursprung alle im Geist. Es heißt auch, dass das Fehlen einer Grundlage die Wurzel aller Phänomene sei. Wenn die Wurzel begründet ist, dann erblüht der Weg. Dies ist, was hier erörtert wurde.

*„In der großen mitfühlenden Weisheit von* prajnâ *gibt es keine Buddhas und keine Wesen."*

(Wuzhu)

Weitere Titel aus dem Angkor Verlag (www.angkor-verlag.de)

Taigu Ryôkan: *Ich spiele auf dem Buddha-Weg.*
Paperback. 116 Seiten. 9,99 €. (E-Book 7,99 €)

Huang-po: *Geist ist Buddha.*
Paperback. 9,99 €. (E-Book 8,99 €)

Linji: *Linji Yulu [Rinzai-roku].*
Paperback. 9,99 €. (E-Book 8,99 €)

*Meister des Zen* [Sammelband].
Paperback. 19,99 €. (E-Book 11,99 €)

Enthält die zuvor erschienenen Einzelbände von Menzan Zuihô, Zibo Zhenke, Musô Soseki, Jôshû Jûshin sowie zusätzliche Texte.

Hanshan Deqing: *Reise ins Traumland. Lehren und Gedichte des chinesischen Zen-Meisters. Mit einem Kommentar zum Herz-Sutra.*
Paperback. 9,90 €.

Yunqi Zhuhong: *Die Zen-Peitsche.*
Gebunden, Fadenheftung. 50 €.

Bei Amazon Kindle erscheint die E-Book-Reihe „Zen-Gedichte" für je 2,99 €:

Ozaki Hôsai: *Ich hüte das Buddha-Baby.*

Taneda Santôka: *Auch ich bin allein.*

Natsume Sôseki. *Haiku.*

Dôgen Zenji: *Sanshôdôei.*

Ko Un: *Zen-Gedichte, was'n das?*